#홈스쿨링
#초등 영어 기초력
#초등영어 교육과정 기반

똑똑한 하루 Phonics는 무엇이 다를까요?

하루에 발음 1~2개! 단어 3~4개를 집중해서 연습하니까 배우기 쉬워요!
매일 4쪽씩 학습하고, 부록으로 놀이하듯 복습하며 균형 잡힌 학습을 해요!
발음 동영상으로 정확한 발음을 익히고, 찬트/랩으로 읽기 훈련을 해요!
반복되고 지루한 문제는 그만! 다양한 활동으로 재미있게 학습해요!
매주 5일은 스토리로 문장을 읽어 보고, 사이트 워드도 익혀 보세요!

#알파벳과 파닉스부터 #사이트 워드와 스토리까지 #똑똑하게 파닉스 완성하기!

똑똑한 하루 Phonics
시리즈 구성 (Starter, Level 1~3)

Starter A, B
A 알파벳 + 파닉스 ①
B 알파벳 + 파닉스 ②

Level 1 A, B
A 자음과 모음
B 단모음

Level 2 A, B
A 매직 e 장모음
B 연속자음 + 이중자음

Level 3 A, B
A 장모음
B 이중모음

똑똑한 하루 Phonics만의

똑똑한 부가 자료

책 속 부록

브로마이드

놀이 부록

온라인 자료

QR
▷ QR로 편리하게 듣고 발음 동영상도 볼 수 있어요.

추가 활동지
▷ 다양한 추가 활동지를 book.chunjae.co.kr 에서 다운 받으세요.

3주 완성 스케줄표

1주

	1일 8~15쪽	**2**일 16~19쪽	**3**일 20~23쪽	**4**일 24~27쪽	**5**일 28~31쪽
Starter B	Mm	Nn	Oo	Pp	1주 복습
	월 일	월 일	월 일	월 일	월 일

2주

TEST 32~33쪽 / 월 일

5일 60~63쪽	**4**일 56~59쪽	**3**일 52~55쪽	**2**일 48~51쪽	**1**일 40~47쪽	**특강**
2주 복습	Tt	Ss	Rr	Qq	34~39쪽
월 일	월 일	월 일	월 일	월 일	월 일

TEST 64~65쪽 / 월 일

3주

특강	**1**일 72~79쪽	**2**일 80~83쪽	**3**일 84~87쪽	**4**일 88~91쪽	**5**일 92~95쪽
66~71쪽	Uu	Vv, Ww	Xx	Yy, Zz	3주 복습
월 일	월 일	월 일	월 일	월 일	월 일

복습

TEST 96~97쪽 / 월 일

실력 쑥쑥 TEST②	**실력 쑥쑥 TEST①**	**이해 쑥쑥 Activity**	**기초 탄탄 Review**	**특강**
114~117쪽	110~113쪽	106~109쪽	104~105쪽	98~103쪽
월 일	월 일	월 일	월 일	월 일

똑똑한 하루 Phonics

똑똑한 QR 사용법

방법 1

QR로 편리하게 듣기

1. 교재 표지의 QR 코드 찍기
2. 해당 '레벨 ≫ 주 ≫ 일'을 터치하고, 원하는 음원과 동영상 재생하기
3. 복습할 때 찬트 모아 듣기, 동영상 모아 보기 기능 활용하기

방법 2

교재에서 바로 듣기

교재 본문의 QR 코드를 찍고, 원하는 음원과 동영상 재생하기

편하고 똑똑하게!

Chunjae
Makes
Chunjae

똑똑한 하루 Phonics Starter B

편집개발 조수민, 구보선, 유재영, 주선이
디자인총괄 김희정
표지디자인 윤순미, 이주영
내지디자인 박희춘, 이혜미
제작 황성진, 조규영

발행일 2021년 11월 15일 초판 2024년 10월 15일 3쇄
발행인 (주)천재교육
주소 서울시 금천구 가산로9길 54
신고번호 제2001-000018호
고객센터 1577-0902

※ 이 책은 저작권법에 보호받는 저작물이므로 무단복제, 전송은 법으로 금지되어 있습니다.
※ 정답 분실 시에는 천재교육 교재 홈페이지에서 내려받으세요.
※ KC 마크는 이 제품이 공통안전기준에 적합하였음을 의미합니다.
※ 주의
  책 모서리에 다칠 수 있으니 주의하시기 바랍니다.
  부주의로 인한 사고의 경우 책임지지 않습니다.
  8세 미만의 어린이는 부모님의 관리가 필요합니다.

똑똑한 하루 Phonics

이렇게 구성했어요!

한 주 미리보기

배울 내용을 이야기로 살펴 보고,
스티커를 붙이며 학습을 준비해요.

1~4일 학습

STEP ① 글자 익히기

알파벳 글자를 찾아 보며 이름과 모양을 익히고,
순서에 맞게 바르게 써 봐요.

STEP ② 소리 익히기

발음 동영상과 만화를 보며 알파벳 글자가 가진
소리를 이해하고, 듣고 따라 말하며 익혀요.

5일 복습

STEP ① 복습 활동

문제를 풀어 보며 알파벳 글자와 소리를 복습해요.

STEP ② Story Time

한 주 동안 배운 단어로 구성된 스토리를 읽으며
읽기 자신감을 키워요.

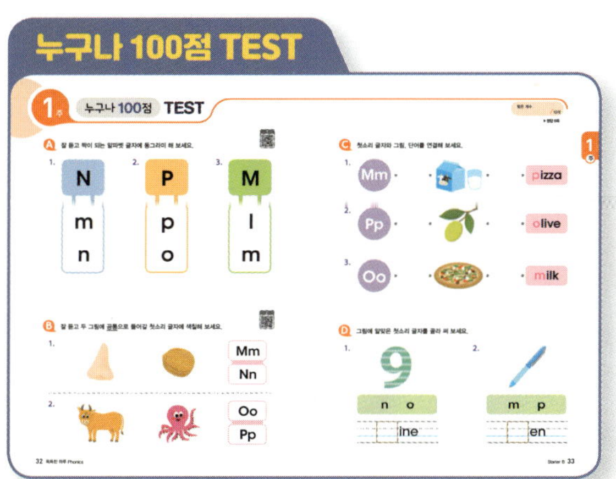

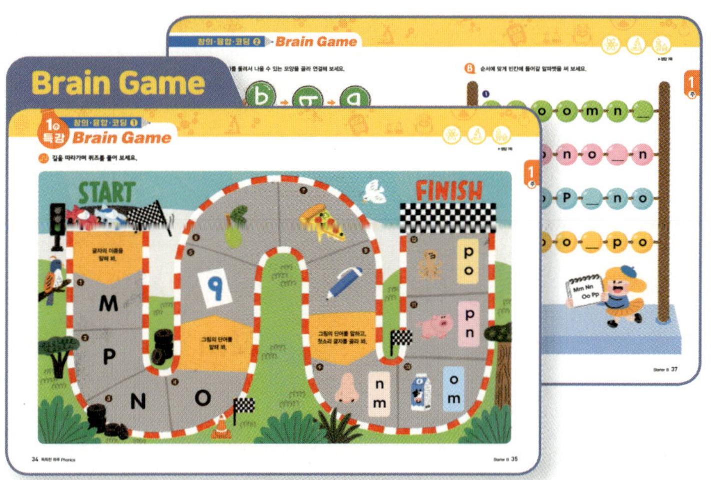

한 주 동안 배운 내용을 문제로 확인해요.

창의 • 융합 • 코딩 활동으로 복습은 물론!
재미와 사고력까지 UP!

알파벳과 파닉스를 복습하고, 문제를 풀어 보며
학습을 마무리해요.

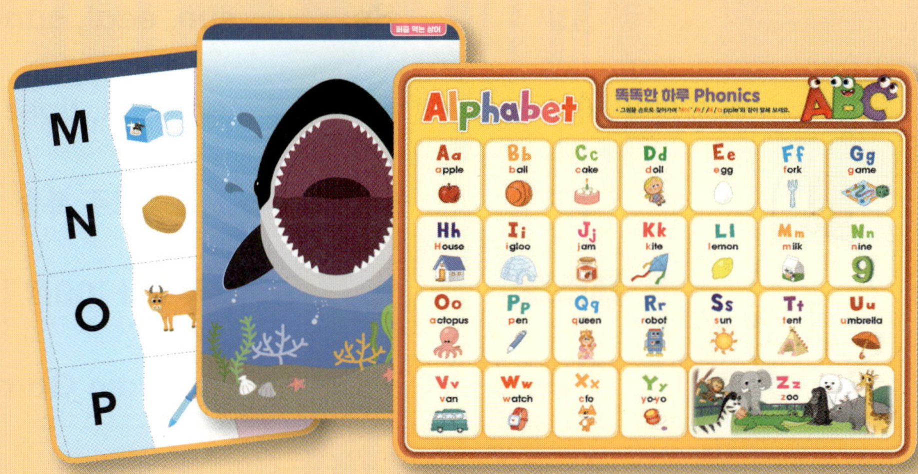

놀이 부록

부록을 뜯어서 놀이하듯 재미있게
알파벳과 파닉스를 복습해요.

무엇을 배울까요?

1주

일	소리	단어	쪽수
1일	Mm	milk, map, monkey	12
2일	Nn	nut, nine, nose	16
3일	Oo	ox, olive, octopus	20
4일	Pp	pen, pig, pizza	24
5일		1주 복습	28
테스트		누구나 100점 TEST	32
특강		Brain Game	34

2주

일	소리	단어	쪽수
1일	Qq	queen, quiz, quiet	44
2일	Rr	red, rabbit, robot	48
3일	Ss	sun, seal, sand	52
4일	Tt	ten, tent, tiger	56
5일		2주 복습	60
테스트		누구나 100점 TEST	64
특강		Brain Game	66

일	소리	단어	쪽수
1일	Uu	up, uncle, umbrella	76
2일	Vv, Ww	van, vest, web, watch	80
3일	Xx	box, fox, six	84
4일	Yy, Zz	yellow, yo-yo, zoo, zebra	88
5일		3주 복습	92
테스트		누구나 100점 TEST	96
특강		Brain Game	98

3주

복습 내용	쪽수
기초 탄탄 Review	104
이해 쏙쏙 Activity	106
실력 쑥쑥 TEST ①	110
실력 쑥쑥 TEST ②	114
Word List	118

복습

권말 부록 ········· 뜯어 쓰는 놀이 부록

알파벳 이름과 소리

알파벳을 손으로 짚으며 이름과 소리를 말해 보세요.

에이	비	씨	디
Aa	**Bb**	**Cc**	**Dd**
[애]	[ㅂ]	[ㅋ]	[ㄷ]

이	에프	쥐	에이취
Ee	**Ff**	**Gg**	**Hh**
[에]	['ㅍ]	[ㄱ]	[ㅎ]

아이	제이	케이	엘
Ii	**Jj**	**Kk**	**Ll**
[이]	[ㅈ]	[ㅋ]	[ㄹ]

엠	엔	오우	피
Mm	**Nn**	**Oo**	**Pp**
[ㅁ]	[ㄴ]	[아]	[ㅍ]

큐	알	에스	티
Qq	**Rr**	**Ss**	**Tt**
[쿼]	[뤄]	[ㅅ]	[ㅌ]

유	브이	더블유	엑스
Uu	**Vv**	**Ww**	**Xx**
[어]	['ㅂ]	[워]	[ㅋㅅ]

와이	지
Yy	**Zz**
[여]	['ㅈ]

함께 배울 친구들

안녕, 내 이름은 포!
'히포(hippo)'에서 따온 이름 '포'야.
난 마법사가 되는 게 꿈인데,
아직 많이 서툴러.
쿵이는 마법학교에서 나와 가장 친한 친구야.
알파벳 소리를 찾으면 나도 쿵이처럼
마술을 할 수 있을까?

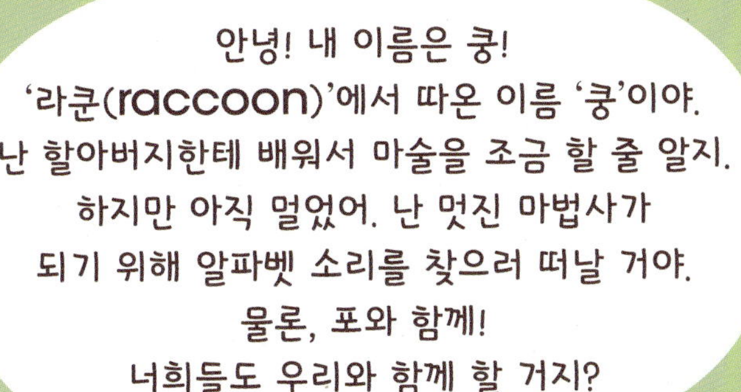

포

안녕! 내 이름은 쿵!
'라쿤(raccoon)'에서 따온 이름 '쿵'이야.
난 할아버지한테 배워서 마술을 조금 할 줄 알지.
하지만 아직 멀었어. 난 멋진 마법사가
되기 위해 알파벳 소리를 찾으러 떠날 거야.
물론, 포와 함께!
너희들도 우리와 함께 할 거지?
쿵

이번 주에는 무엇을 배울까? ❶

1일 Mm

2일 Nn
3일 Oo
4일 Pp
5일 복습

1주

7
H, I, J, K, L!
통
통
H
I
J
K
L

8
어두워지기 전에 빨리 가자!
알았어.
L
K
H
I
J

9
저기 불빛이 보여!
가 보자.

10
포, 이쪽이야. M, N, O, P!
M, N, O, P

11
쿵아, 저기 나무 위에 집이 있어.
왠지 M이 있을 것 같은데. 가 보자!

이번 주에는 무엇을 배울까? ❷

알파벳의 이름을 말해 보고, 스티커를 붙여 보세요.

Quiz

원 모양의 알파벳에 동그라미 해 보세요.

Mm 이름 '엠'

알파벳 스티커를 붙이고, 숨어 있는 M과 m을
찾아 동그라미 해 보세요.

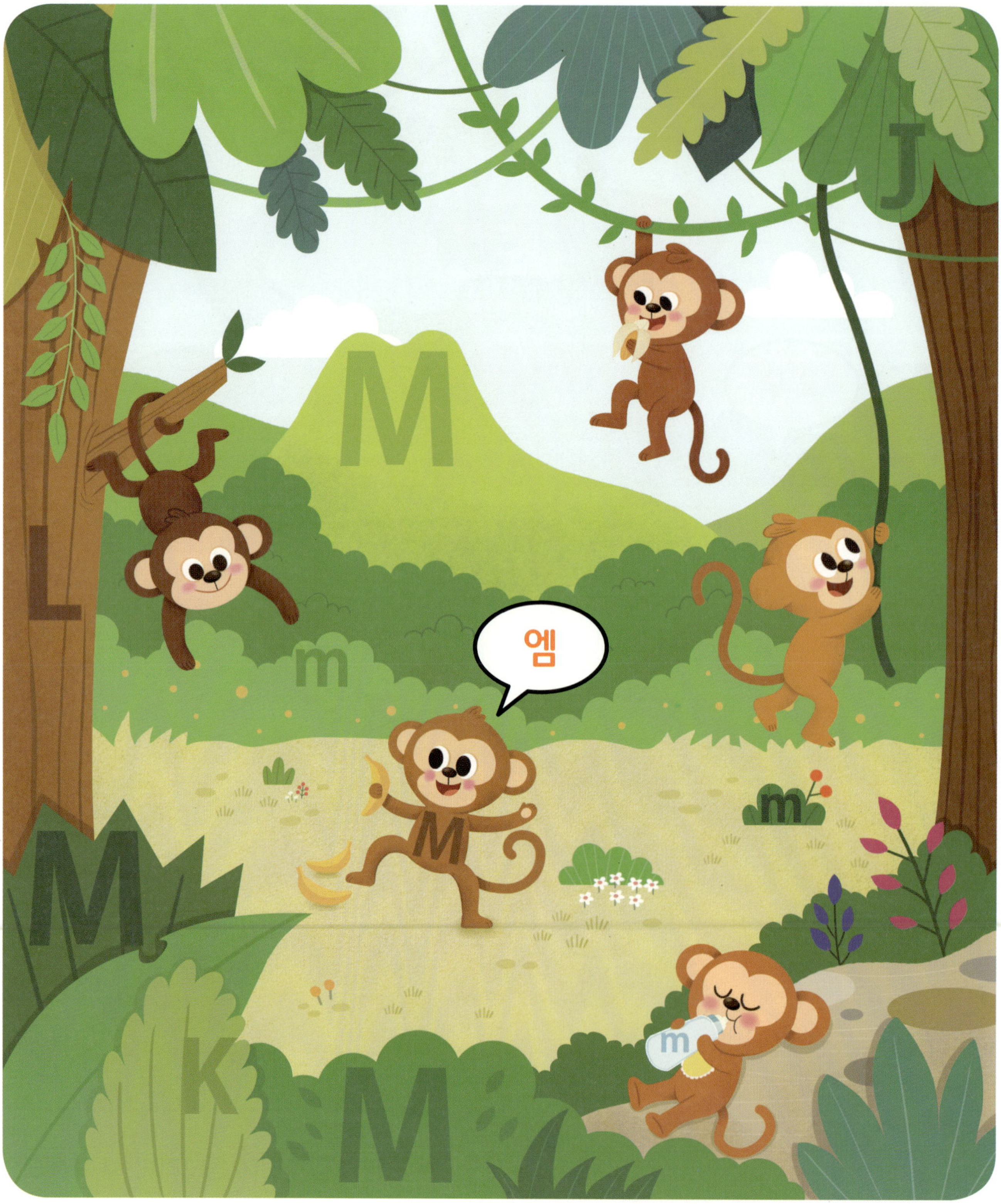

▶정답 1쪽

1주

엠

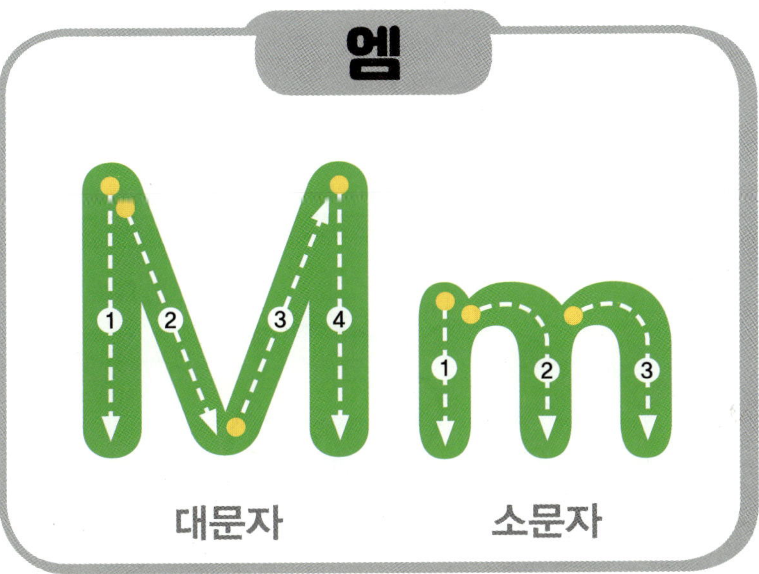

M m

대문자   소문자

A 잘 듣고 알파벳 Mm의 이름을 말하면서 순서에 맞게 써 보세요.

M   m

M   m

B 단어에서 대문자 M과 소문자 m을 찾아 동그라미 해 보세요.

Mm 소리 /ㅁ/

📖 알파벳 Mm이 어떻게 소리 나는지 들어 보세요.

Ⓐ 잘 듣고 따라 말한 후 찬트를 불러 보세요.

Mm의 소리는 /ㅁ/!

milk
우유

map
지도

monkey
원숭이

B 잘 듣고 **첫소리** 글자에 동그라미 한 다음, 그림과 연결해 보세요.

1.

M L

2.

k m

3.

M n

C 첫소리 글자를 **소문자**로 쓰고, 그림을 색칠해 보세요.

1.

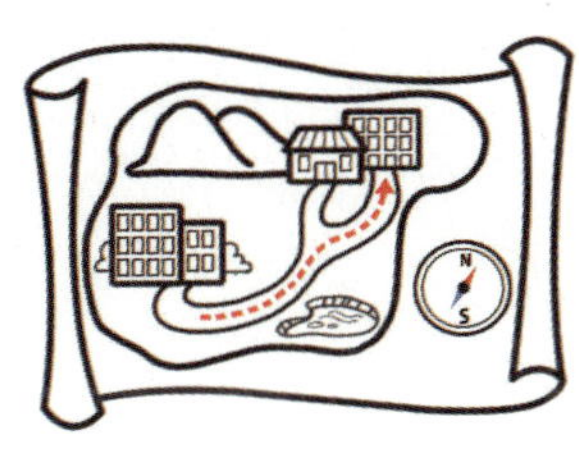

____ap

2.

____onkey

3.

____ilk

똑똑한 하루
2일
PHONICS

Nn 이름 '엔'

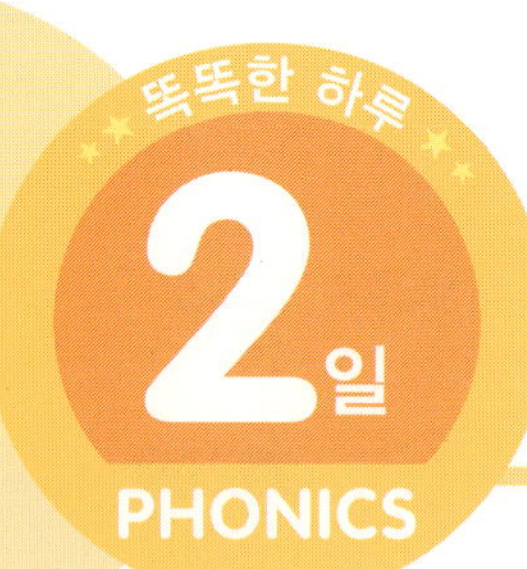

알파벳 스티커를 붙이고, 그림 속 Nn을 모두 찾아 동그라미 해 보세요.

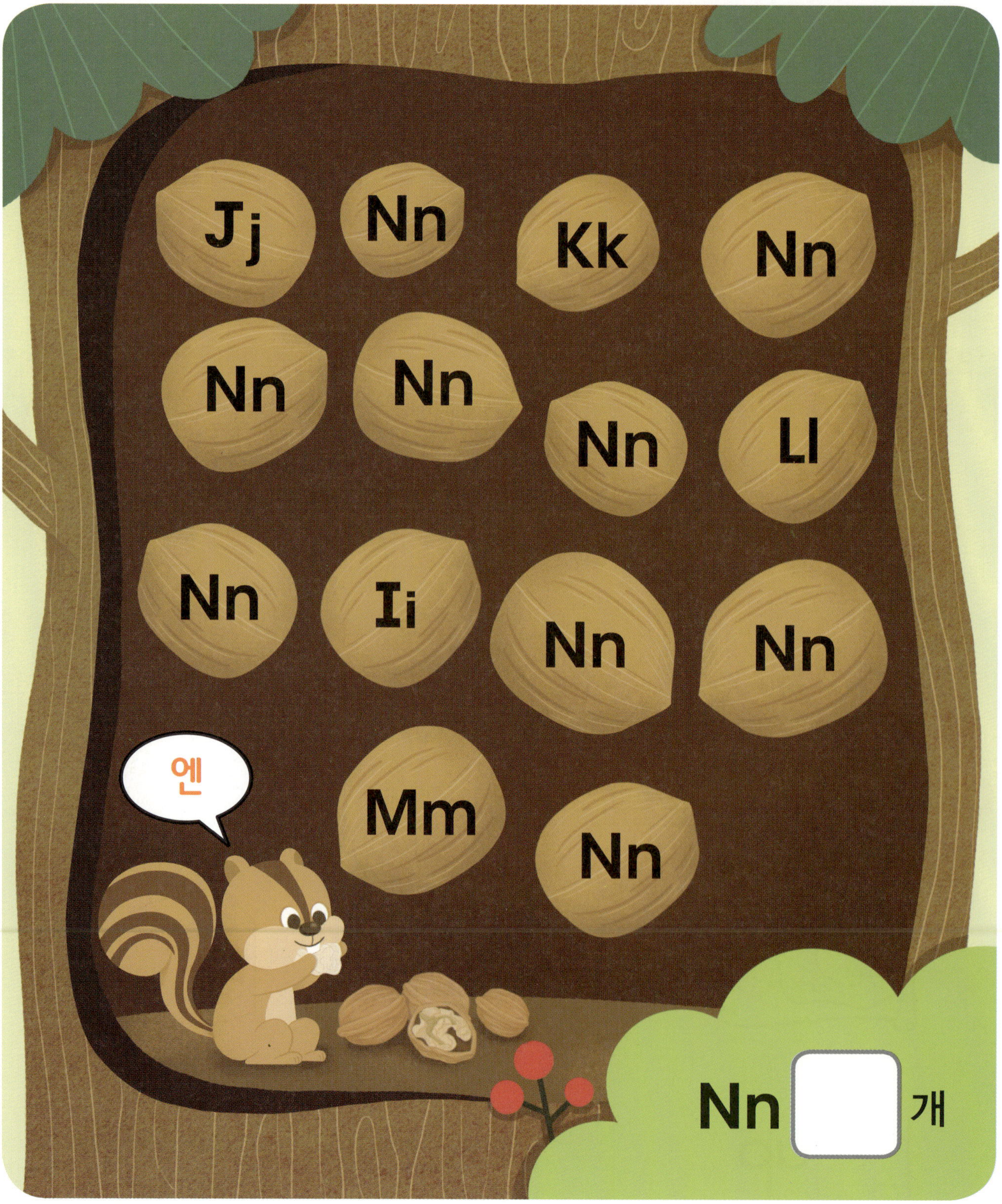

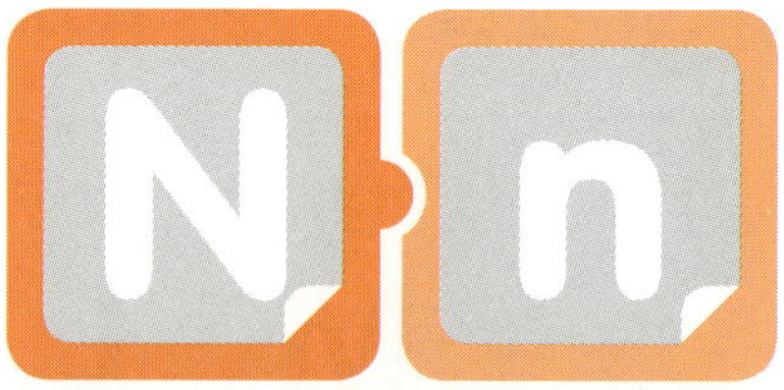

▶정답 2쪽

A 잘 듣고 알파벳 Nn의 이름을 말하면서 순서에 맞게 써 보세요.

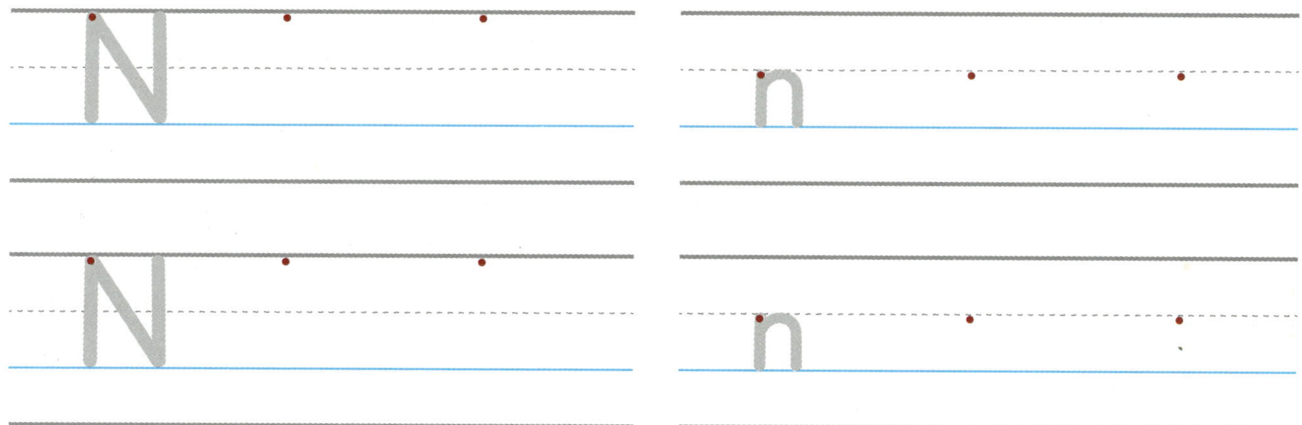

B 색깔이 같은 대문자 N과 소문자 n을 짝이 되게 연결해 보세요.

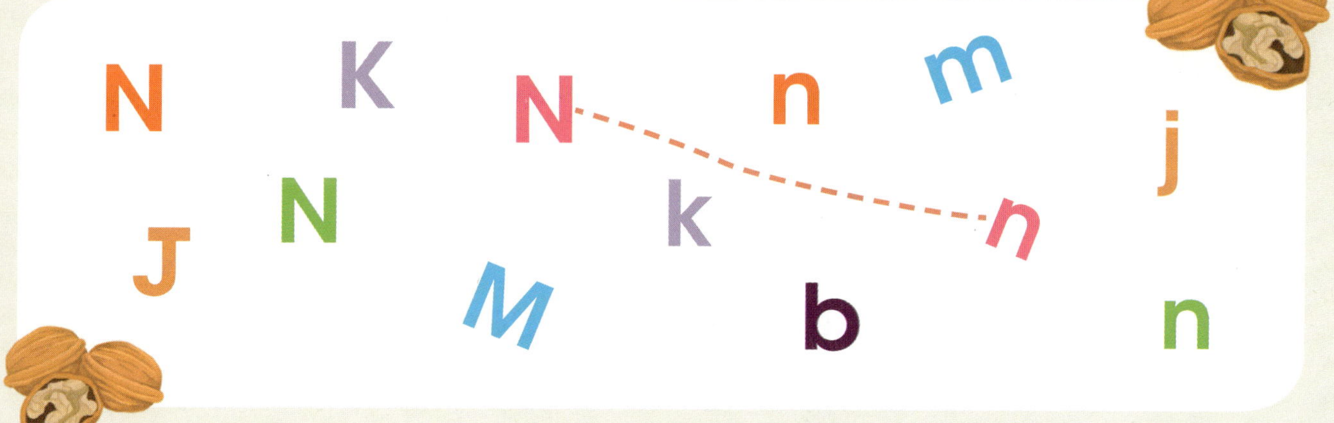

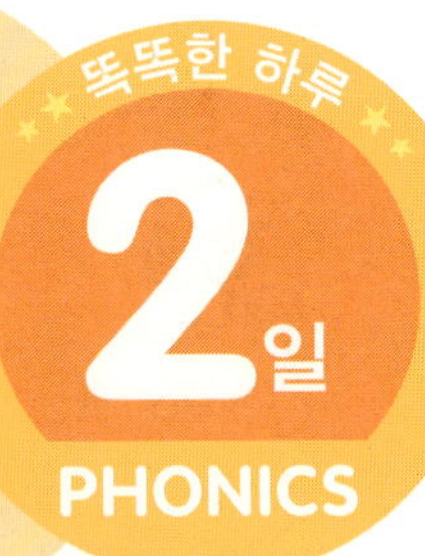 **2**일 PHONICS — Nn 소리 /ㄴ/

 알파벳 Nn이 어떻게 소리 나는지 들어 보세요.  

 **A** 잘 듣고 따라 말한 후 찬트를 불러 보세요. 

nut
(밤, 호두) 견과

nine
구, 아홉

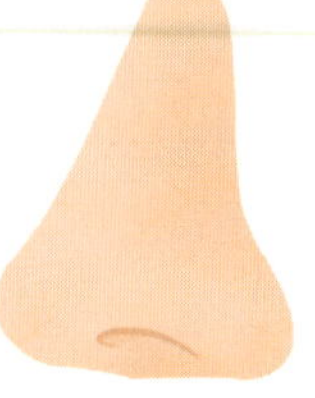
nose
코

B 잘 듣고 첫소리 글자 또는 그림을 따라 길을 찾아가 보세요.

C 그림에 알맞은 첫소리 글자를 소문자로 써 보세요.

1.

☐ine

2.

☐ose

3.

☐ut

Mm, Nn의 이름과 소리를 말해 볼까?

뚝딱한 하루

3일

PHONICS

Oo 이름 '오우'

알파벳 스티커를 붙이고, Oo를 찾아 길을 따라가 보세요.

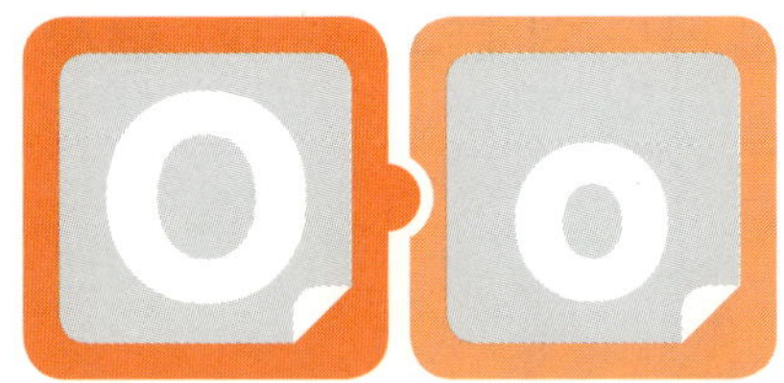

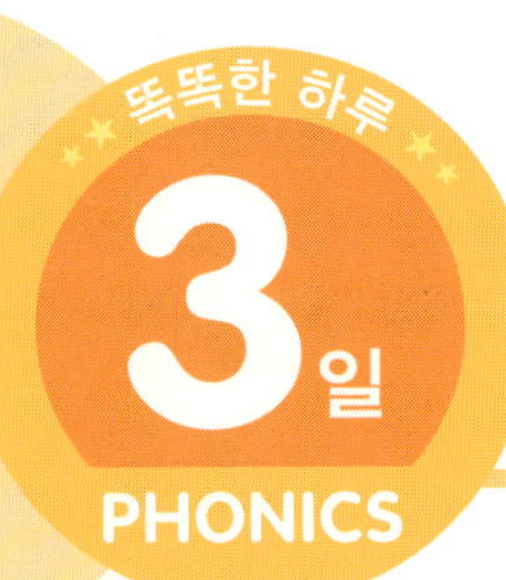

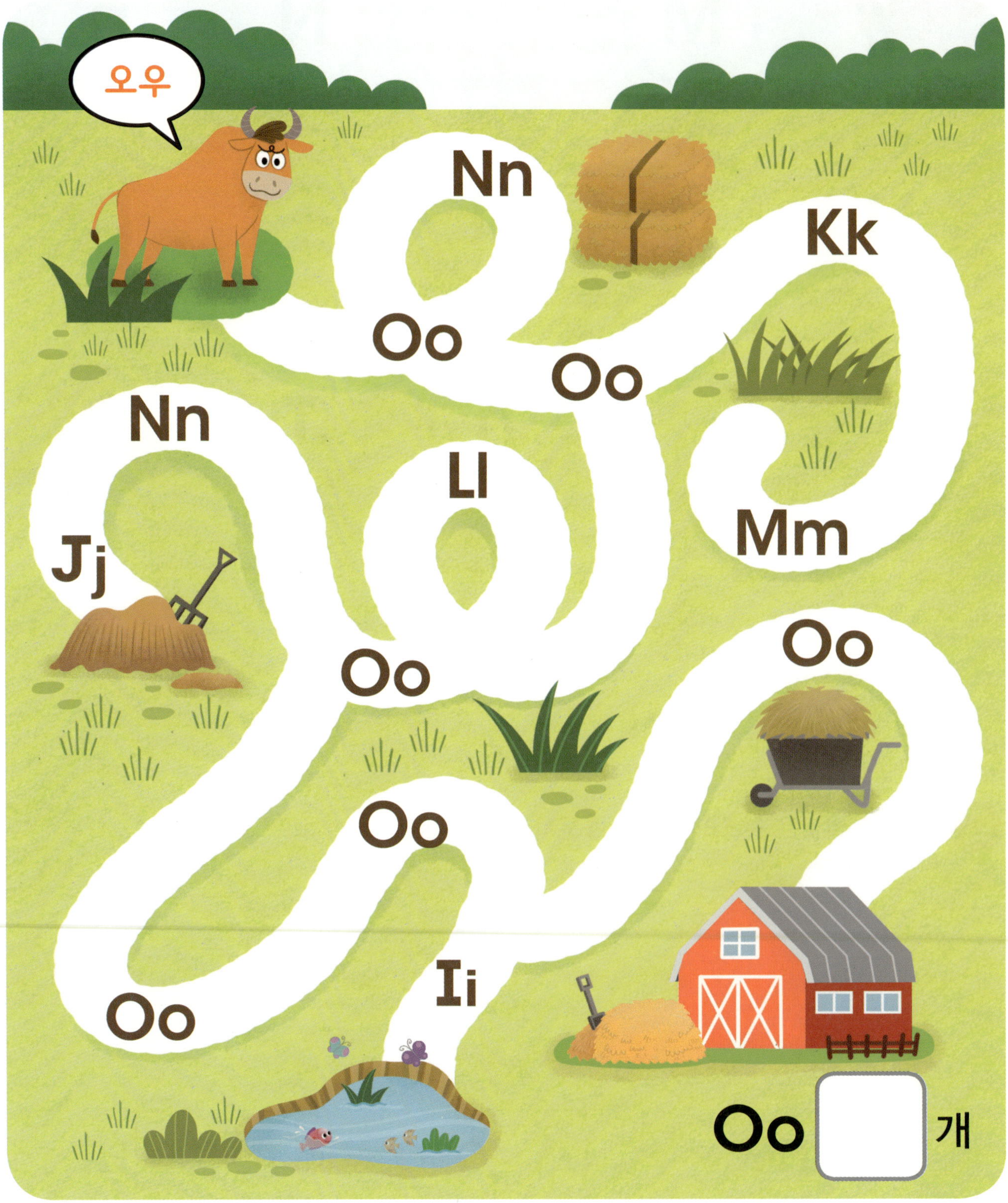

Oo □ 개

▶ 정답 3쪽

1주

오우

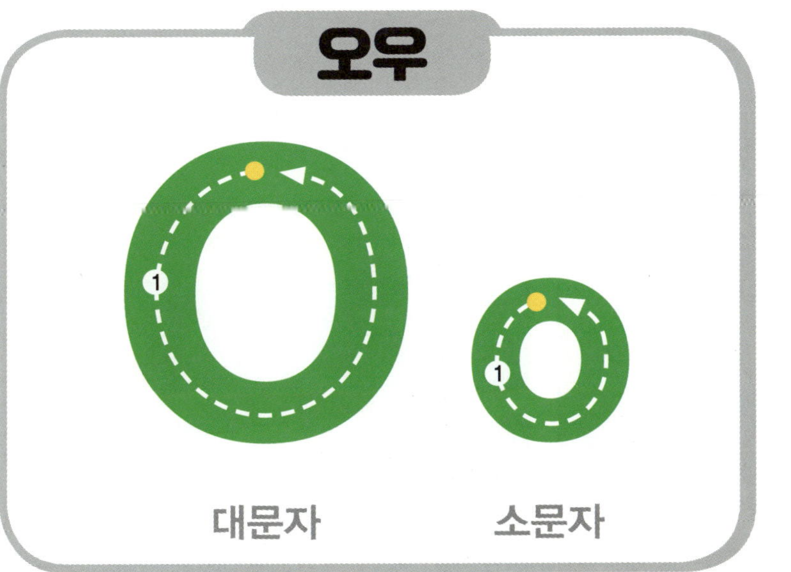

대문자   소문자

A 잘 듣고 알파벳 Oo의 이름을 말하면서 순서에 맞게 써 보세요.

B 대문자 O와 소문자 o를 찾아 모두 색칠하고, 이름을 말해 보세요.

O	M	n	o	K
N	o	m	j	O

3일 PHONICS

Oo 소리 /아/

📖 알파벳 Oo가 어떻게 소리 나는지 들어 보세요.

A 잘 듣고 따라 말한 후 찬트를 불러 보세요. 

ox

황소

olive

올리브

octopus

문어

B 잘 듣고 **첫소리** 글자에 동그라미 한 다음, 그림과 연결해 보세요.

1. I O i o

2. O N n n

3. m O M o

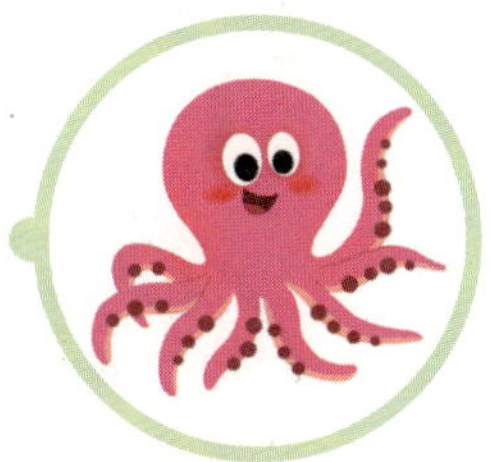

1
주

C 스티커를 붙이고, 첫소리 글자를 **소문자**로 써 보세요.

1.

ctopus

2.
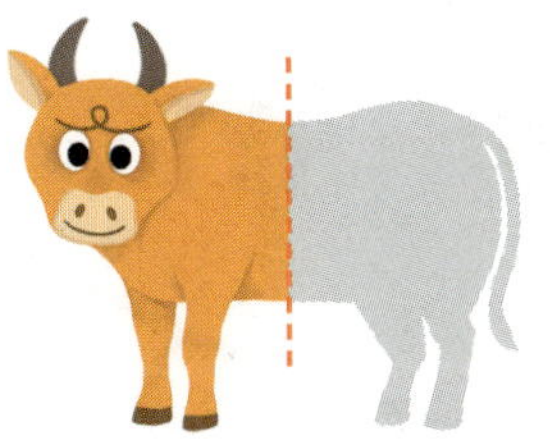

x

3.

live

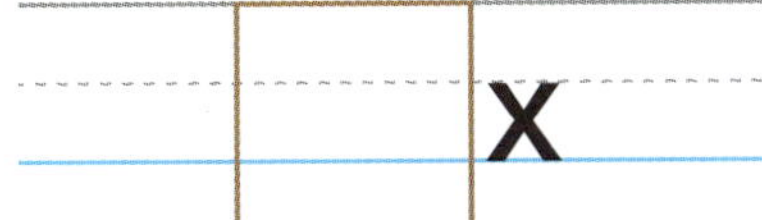

Pp 이름 '피'

알파벳 스티커를 붙이고, P와 p를 모두 찾아 해당하는 칸을 색칠해 보세요.

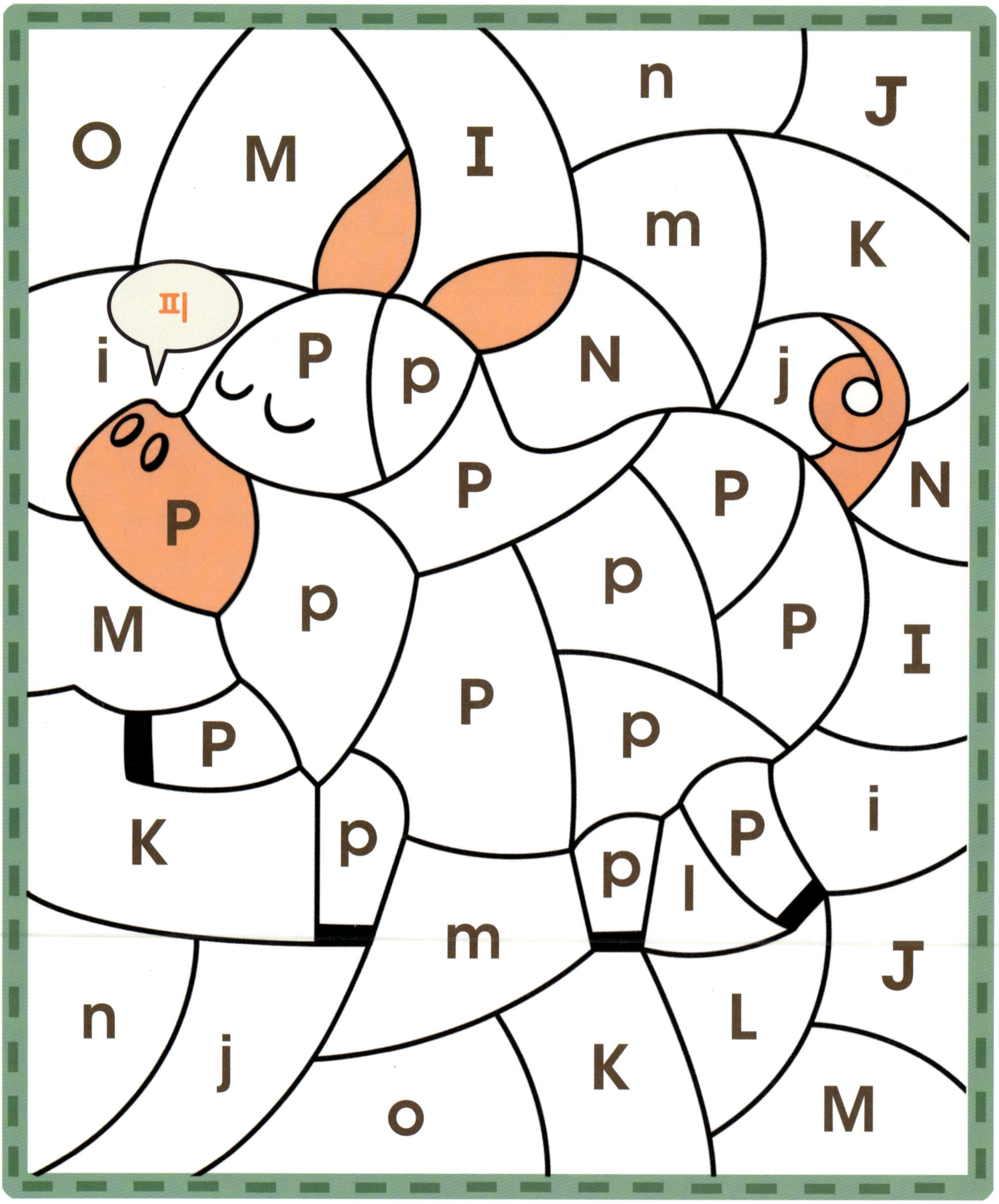

▶정답 4쪽

1주

A 잘 듣고 알파벳 **Pp**의 이름을 말하면서 순서에 맞게 써 보세요.

B 대문자 **P**와 소문자 **p**를 연결해서 길을 찾아가 보세요.

P----p		P	O	M	m
k	m	p	P	p	L
M	N	J	O	P	p
I	i	k	j	l	P

4일 Pp 소리 /ㅍ/

 알파벳 **Pp**가 어떻게 소리 나는지 들어 보세요.

A 잘 듣고 따라 말한 후 찬트를 불러 보세요.

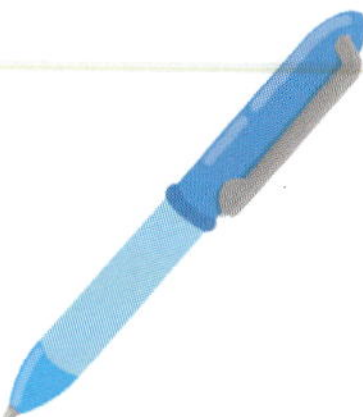

pen
펜

pig
돼지

pizza
피자

B 잘 듣고 첫소리 글자 또는 그림을 따라 길을 찾아가 보세요.

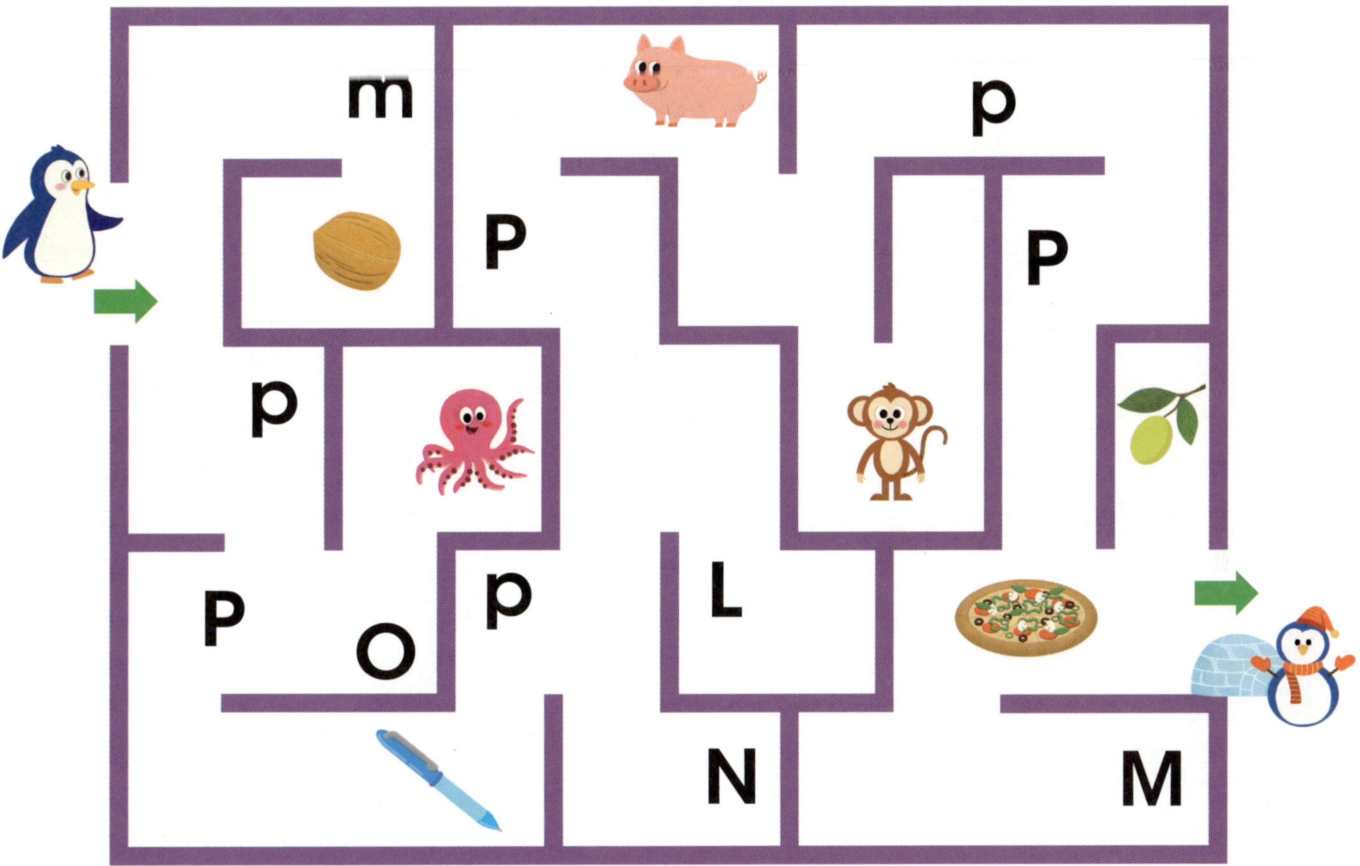

C 첫소리 글자를 소문자로 쓰고, 그림을 그려 완성해 보세요.

1. 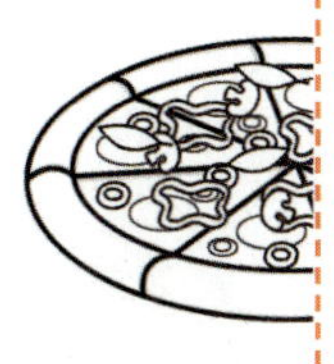

izza

2. 

ig

3. 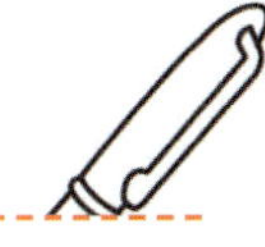

en

Mm, Nn, Oo, Pp의 이름과 소리를 말해 볼까?

5일 Mm~Pp 복습

A 알파벳 순서대로 길을 따라가며 선을 그어 보세요.

▶정답 5쪽

B 잘 듣고 그림과 첫소리 글자를 연결해 보세요.

1. 　　M　　n

2. 　　N　　p

3. 　　o　　m

4. 　　P　　o

Story Time

A 이야기를 들으며 따라 읽어 보세요.

3

I like olives.

Sticker

4

I like nuts. Good!

Sticker

A 잘 듣고 짝이 되는 알파벳 글자에 동그라미 해 보세요.

1.
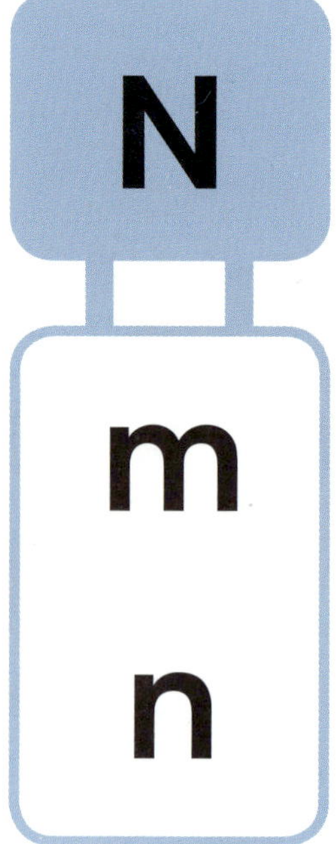

N
m
n

2.

P
p
o

3.

M
l
m

B 잘 듣고 두 그림에 <u>공통</u>으로 들어갈 첫소리 글자에 색칠해 보세요.

1.
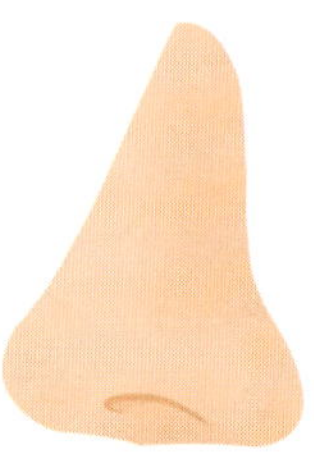

Mm
Nn

2.

Oo
Pp

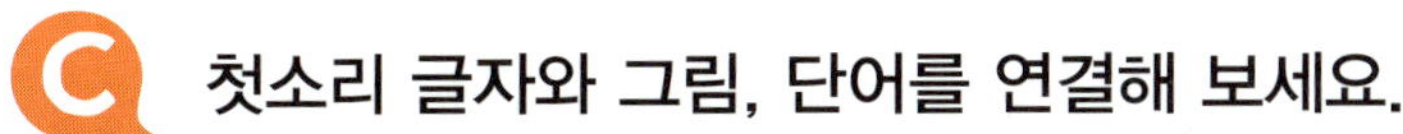

C 첫소리 글자와 그림, 단어를 연결해 보세요.

1.  Mm •  •  pizza

2.  Pp •  •  olive

3.  Oo • • milk

D 그림에 알맞은 첫소리 글자를 골라 써 보세요.

1. 

n o

ine

2. 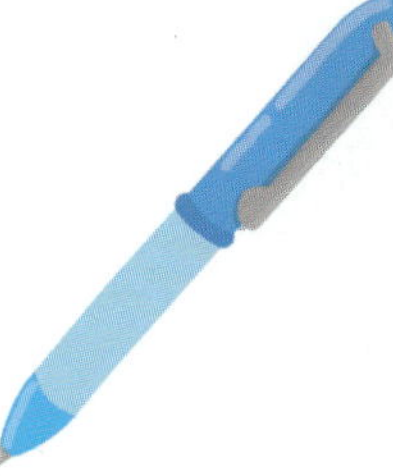

m p

en

1주 특강 Brain Game

길을 따라가며 퀴즈를 풀어 보세요.

▶정답 7쪽

FINISH

그림의 단어를 말하고,
첫소리 글자를 골라 봐.

7

8

9   n / m

10   o / m

11   p / n

12   p / o

A 각 글자를 돌려서 나올 수 있는 모양을 골라 연결해 보세요.

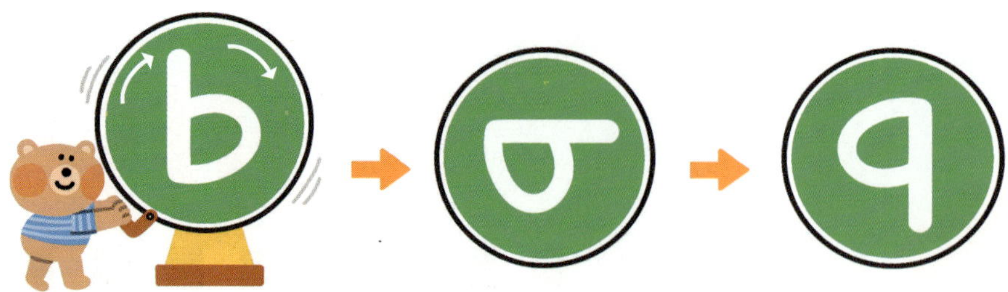

1.
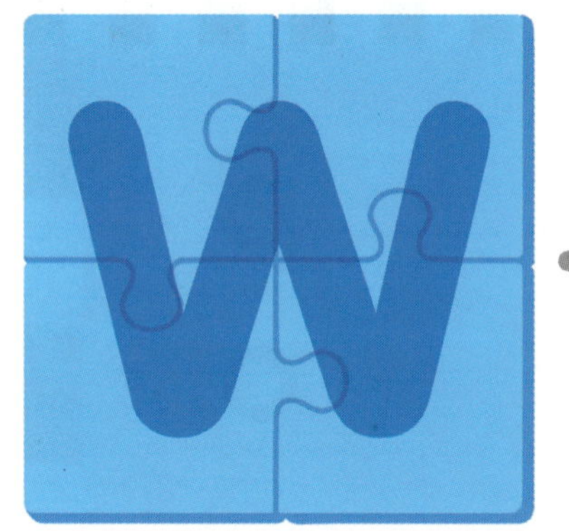

2.

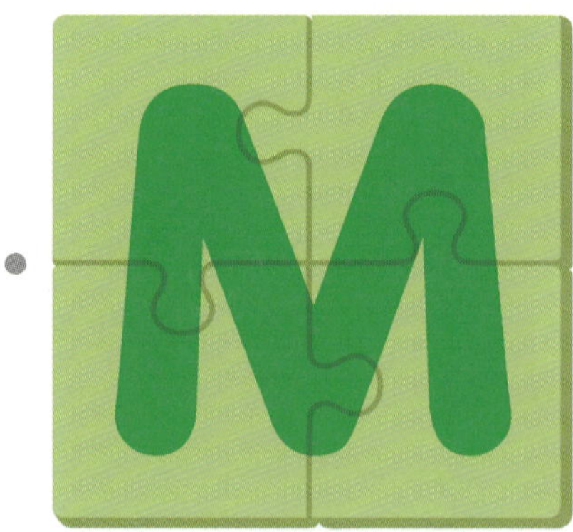

3.

B 순서에 맞게 빈칸에 들어갈 알파벳을 써 보세요.

1 주

1. m n o o m n __
2. n o p n o __ n
3. M n o P __ n o
4. o P p o __ p o

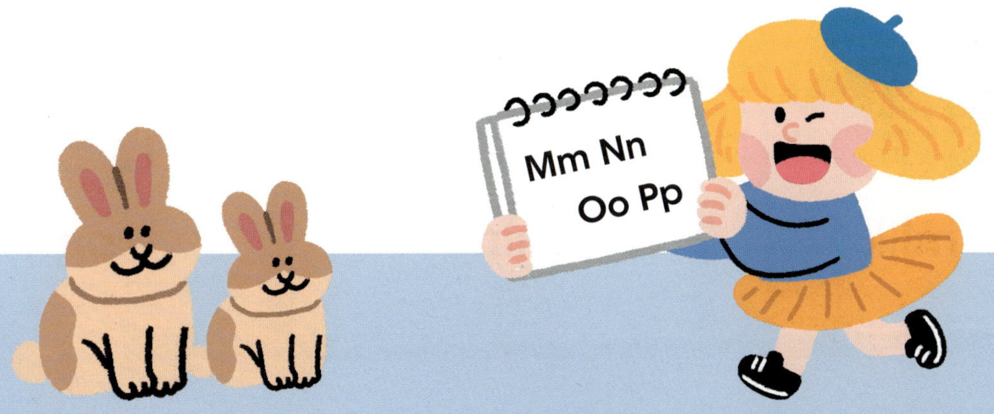

Brain Game

A 보기 순서대로 첫소리가 같은 그림을 따라 미로를 빠져나가 보세요.

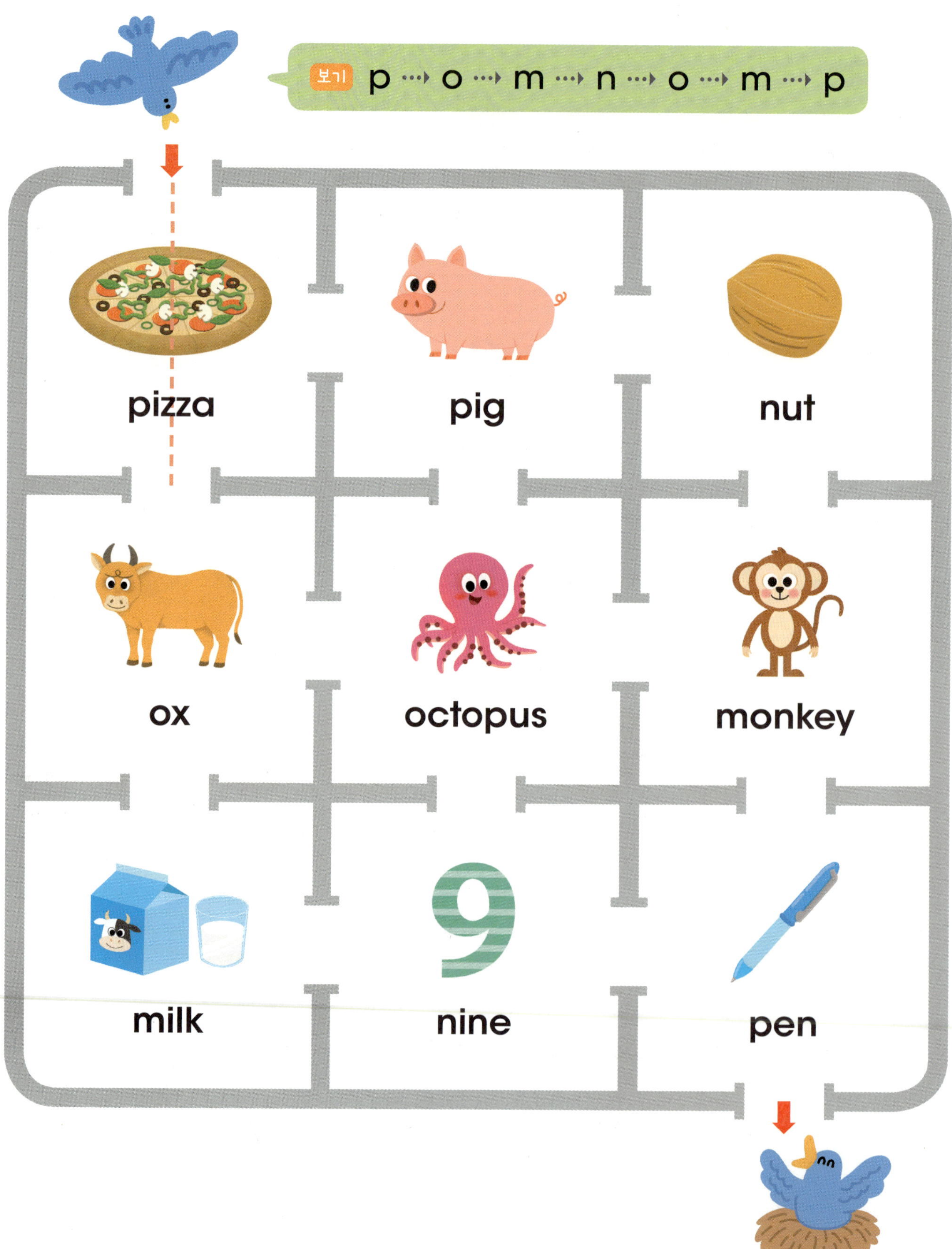

B 보기 와 같이 말해 보고, 첫소리가 다른 그림에 동그라미 해 보세요.

1.

2.

3.

4.

이번 주에는 무엇을 배울까? ①

2
주

7
도망가자!
8
마법의 책,
길을 알려 줘!
9
슈웅!

10
다리가 너무 흔들려.
조심해!
흔들
흔들

11
포, 여기 봐! 알파벳
Q, R, S, T가 있어.
T
S
R
Q

12
그쪽으로
가면 되나 봐.

13
마법의 책,
기다려!
슈웅!
같이 가!

큐
Q
R
알

 알파벳의 이름을 말해 보고, 스티커를 붙여 보세요.

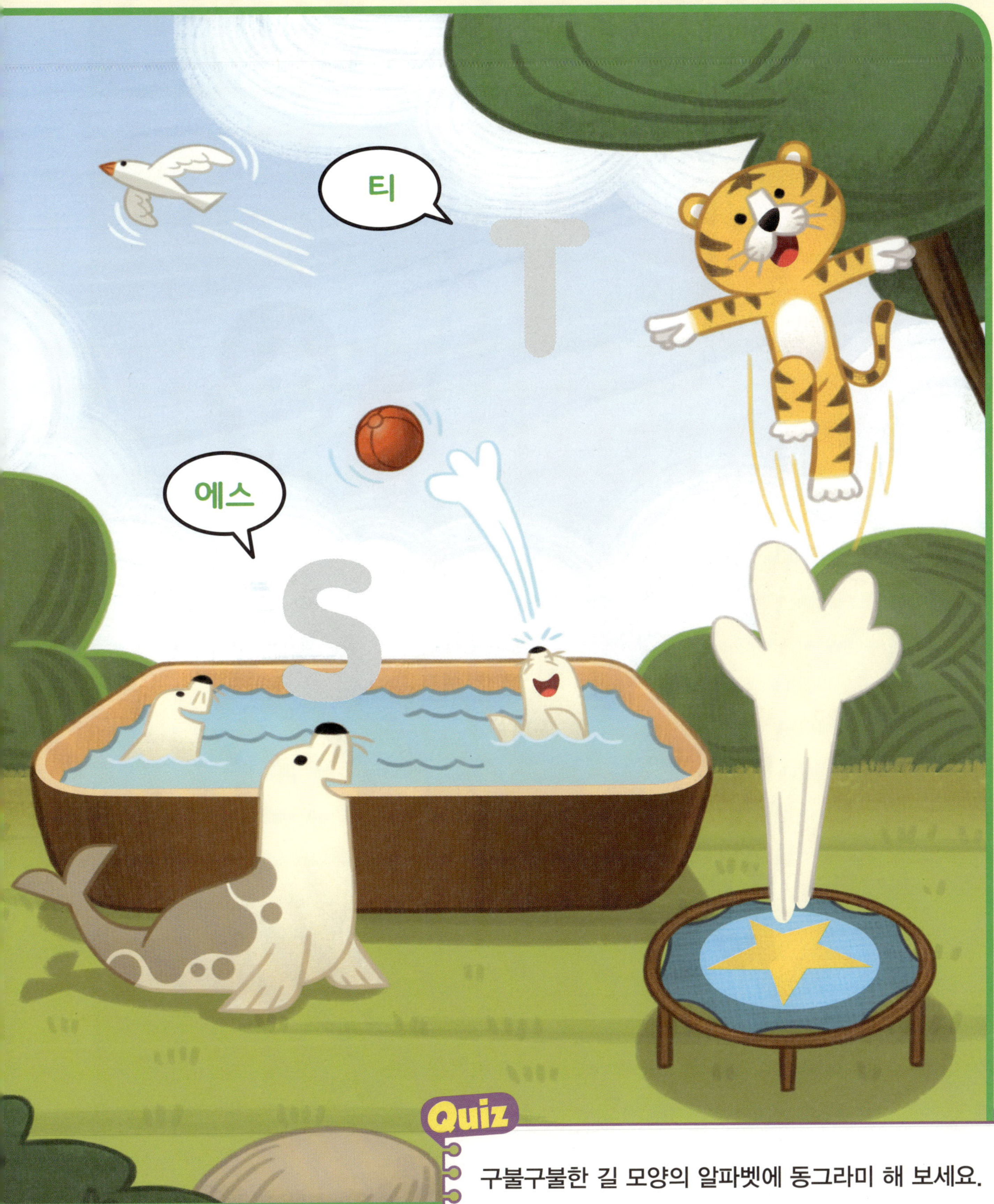

Quiz

구불구불한 길 모양의 알파벳에 동그라미 해 보세요.

Qq 이름 '큐'

 알파벳 스티커를 붙이고, 숨어 있는 Q와 q를
모두 찾아 동그라미 해 보세요.

▶정답 9쪽

큐

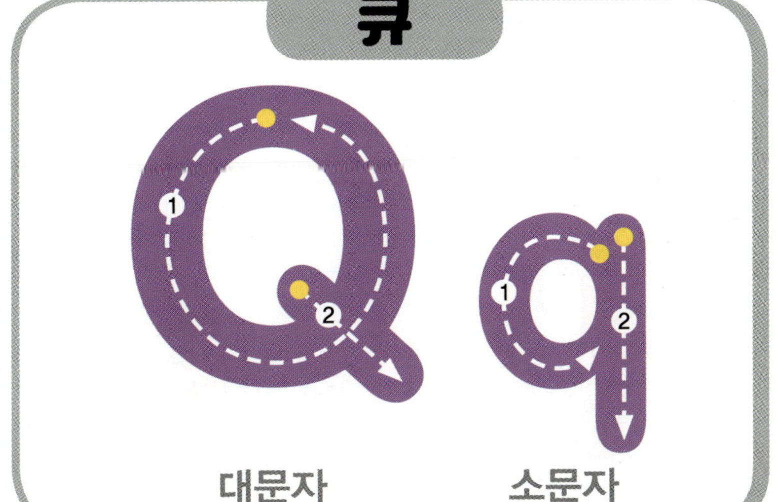

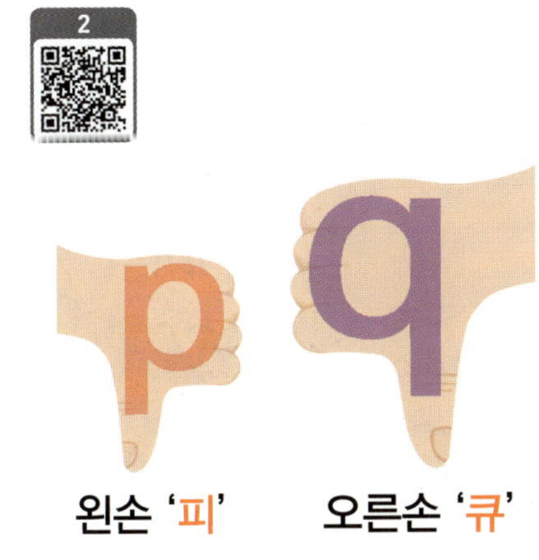

2주

A 잘 듣고 알파벳 Qq의 이름을 말하면서 순서에 맞게 써 보세요.

Q

q

Q

q

B 색깔이 같은 대문자 Q와 소문자 q를 짝이 되게 연결해 보세요.

M　N　Q　q　p　m

Q

P　Q　n　q　q

1일 PHONICS

Qq 소리 /쿼/

 알파벳 Qq가 어떻게 소리 나는지 들어 보세요.

A  잘 듣고 따라 말한 후 찬트를 불러 보세요.

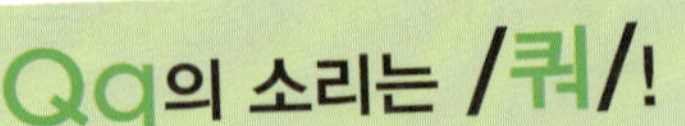

queen
여왕

quiz
퀴즈

quiet
조용한

B 잘 듣고 첫소리 글자에 동그라미 한 다음, 그림과 연결해 보세요.

1.   Q   M

2.   p   q

3.   Q   O

2주

C 첫소리 글자를 소문자로 쓰고, 그림을 색칠해 보세요.

1.

☐uiet

2.

☐uiz

3.

☐ueen

Qq의 이름과 소리를 말해 볼까?

Rr 이름 '알'

 알파벳 스티커를 붙이고, 그림 속 Rr을 모두 찾아 동그라미 해 보세요.

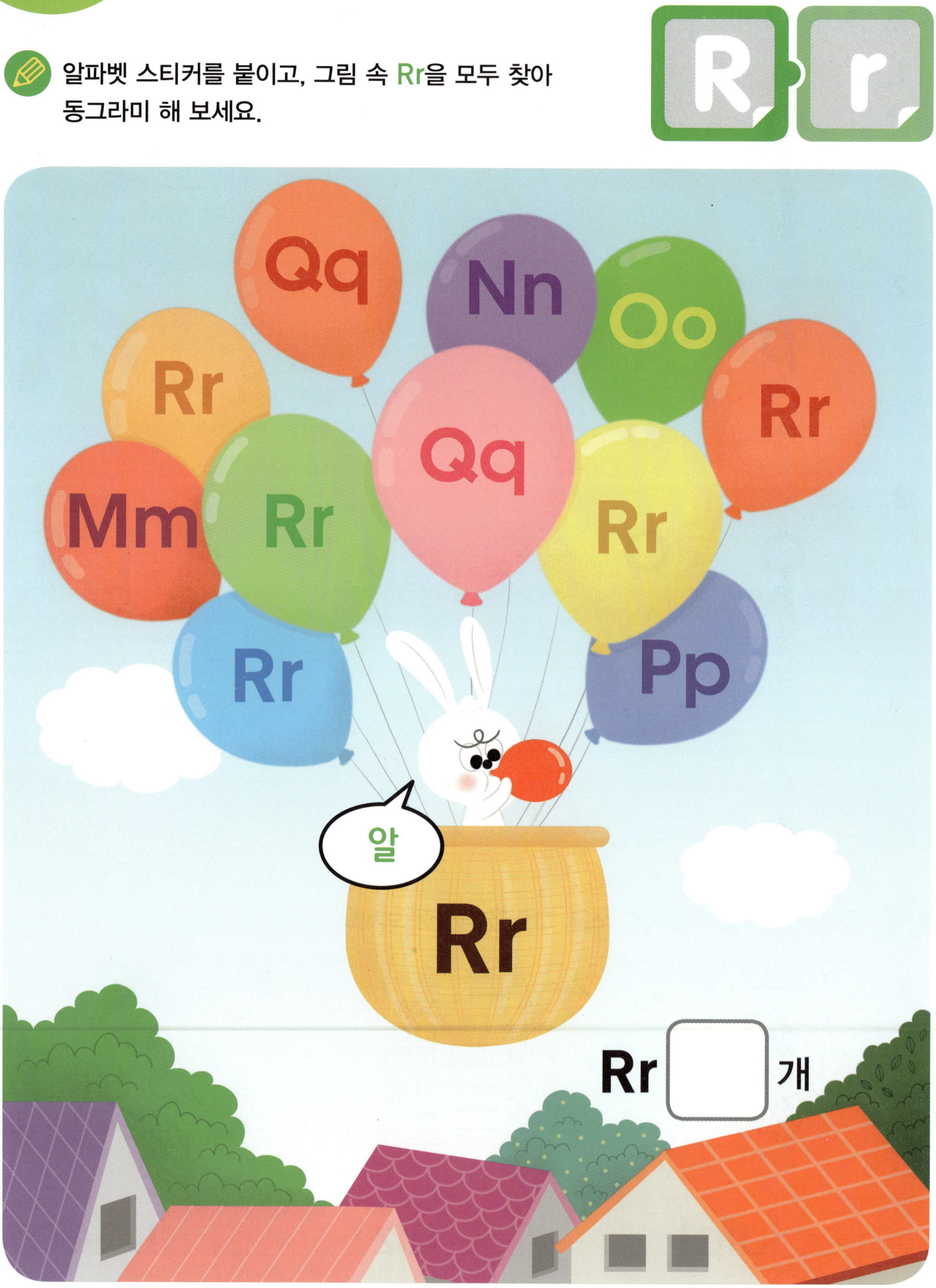

▶정답 10쪽

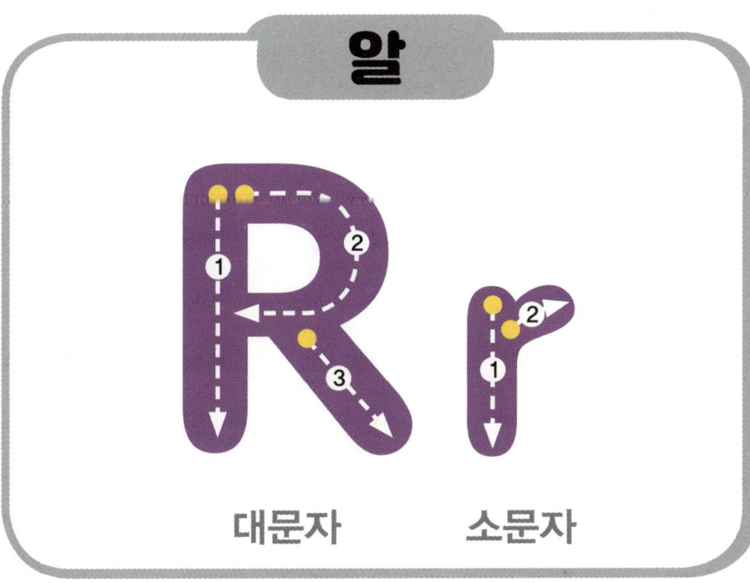

2 주

A 잘 듣고 알파벳 Rr의 이름을 말하면서 순서에 맞게 써 보세요.

R   r

R   r

B 단어에서 대문자 R과 소문자 r을 찾아 동그라미 해 보세요.

girl   RED   fork
alligator   quiet
robot   olive   FOUR

Rr 소리 /뤄/

📖 알파벳 Rr이 어떻게 소리 나는지 들어 보세요.

A 잘 듣고 따라 말한 후 찬트를 불러 보세요.

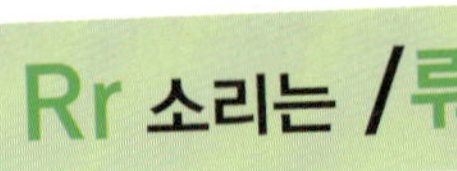

red
빨강

rabbit
토끼

robot
로봇

B 잘 듣'또는 그림을 따라 길을 찾아가 보세요.

C 스티커를 붙이고, 첫소리 글자를 소문자로 써 보세요.

1. 

2. 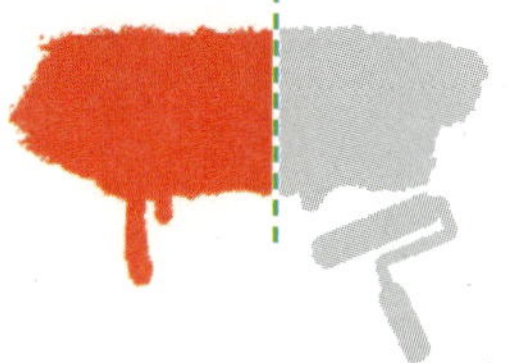

3. 

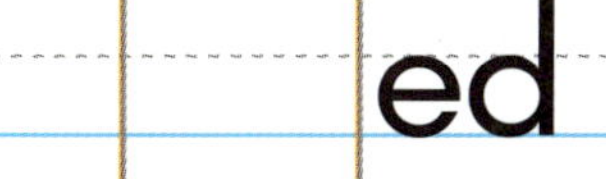

obot　　　ed　　　abbit

Qq, Rr의 이름과 소리를 말해 볼까?　　　Starter B **51**

Ss 이름 '에스'

 알파벳 스티커를 붙이고, Ss를 찾아 길을 따라가 보세요.

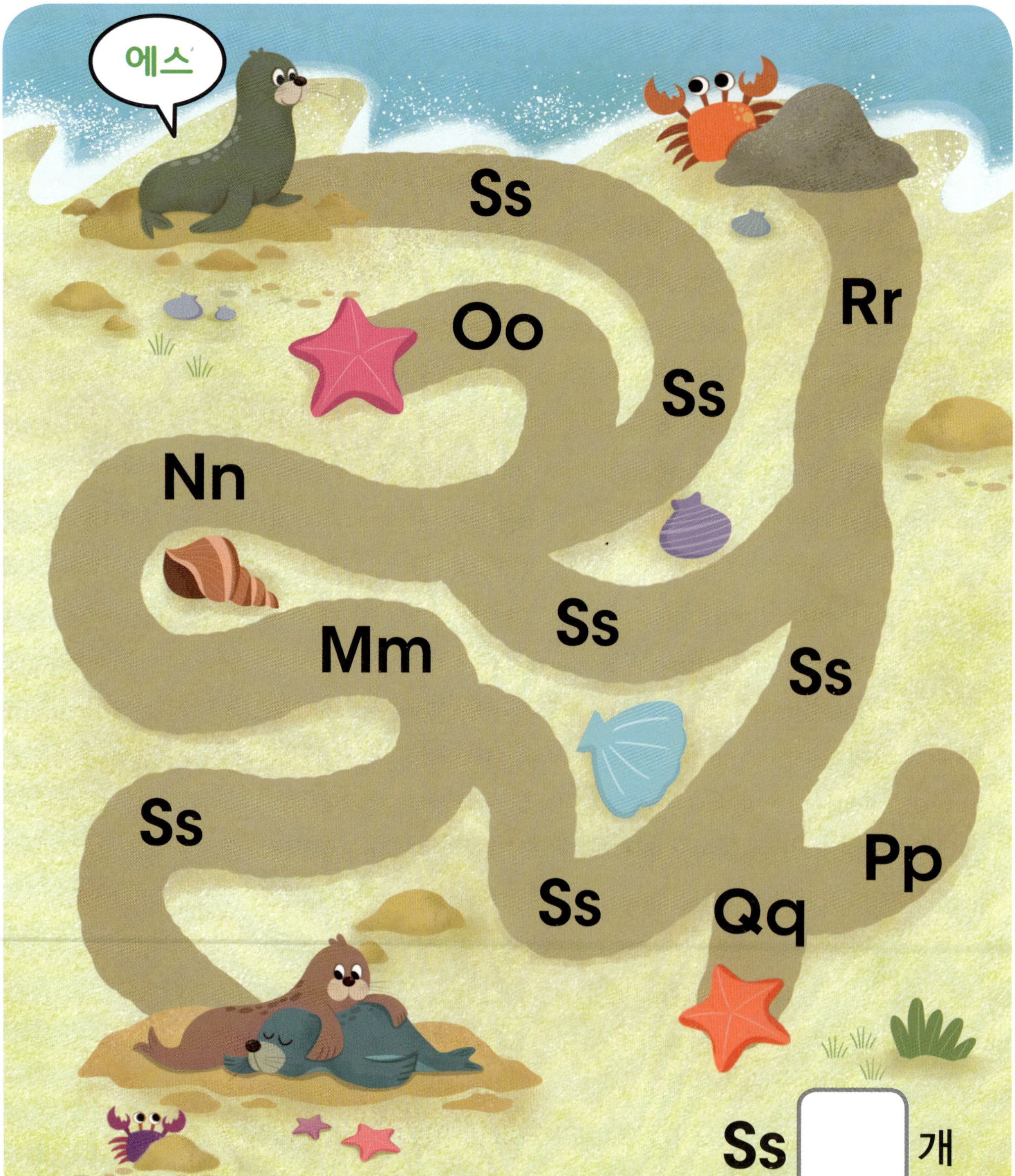

Ss 개

▶정답 11쪽

에스

S s

대문자   소문자

A 잘 듣고 알파벳 Ss의 이름을 말하면서 순서에 맞게 써 보세요.

S

s

S

s

B 대문자 S와 소문자 s를 찾아 모두 색칠하고, 이름을 말해 보세요.

Q	S	r	p	s
s	R	q	S	M

Ss 소리 /ㅅ/

 알파벳 **Ss**가 어떻게 소리 나는지 들어 보세요.  

 잘 듣고 따라 말한 후 찬트를 불러 보세요. 

Ss의 소리는 /ㅅ/!

sun
해

seal
물개

sand
모래

B 잘 듣고 첫소리 글자에 동그라미 한 다음, 그림과 연결해 보세요.

1.

Q S q s

2.

S R s r

3.

p S P s

2주

C 그림에 알맞은 첫소리 글자를 소문자로 써 보세요.

1.

2.

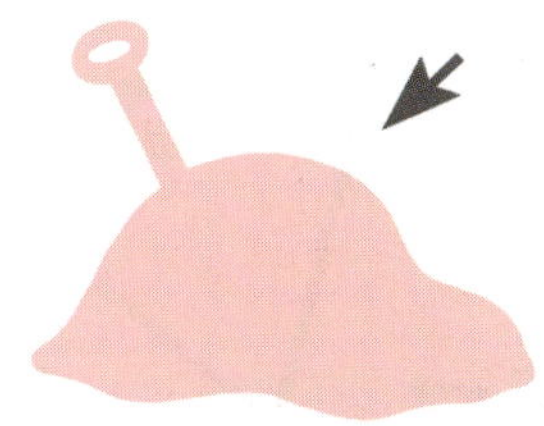

3.

Qq, Rr, Ss의 이름과 소리를 말해 볼까?

Tt 이름 '티'

알파벳 스티커를 붙이고, T와 t를 모두 찾아
해당하는 칸을 색칠해 보세요.

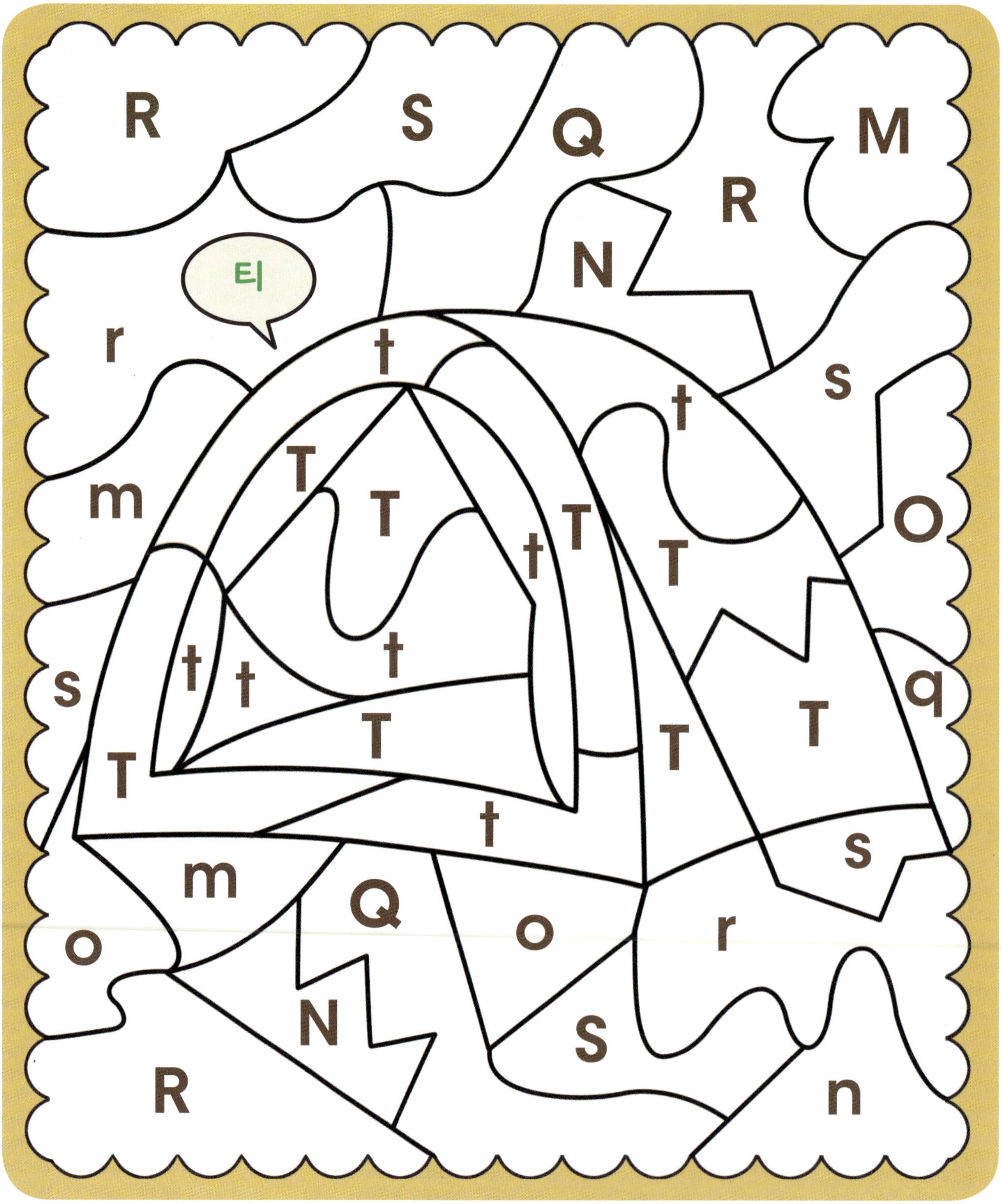

Tt

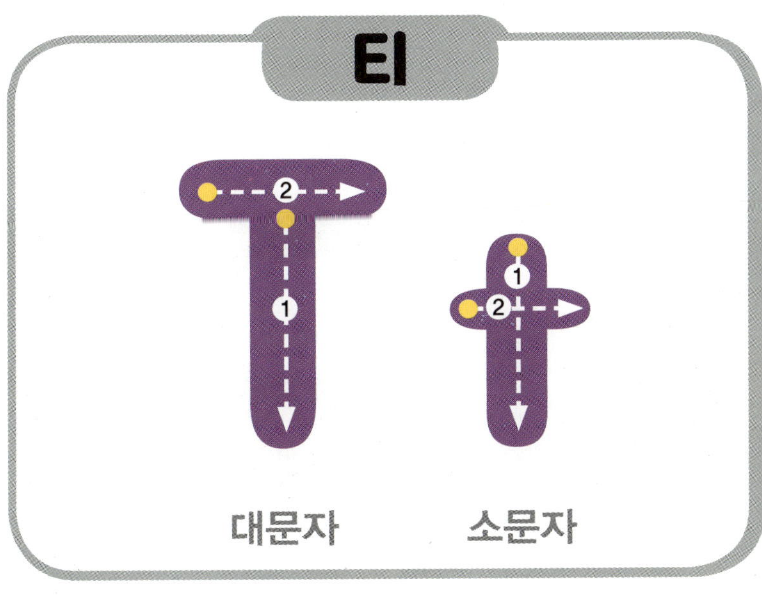

A 잘 듣고 알파벳 Tt의 이름을 말하면서 순서에 맞게 써 보세요.

B 대문자 T와 소문자 t를 연결해서 길을 찾아가 보세요.

T	k	q	o	Q	q
t	T	t	S	r	o
Q	R	T	t	T	t
r	s	M	R	N	T

Tt 소리 /ㅌ/

알파벳 Tt가 어떻게 소리 나는지 들어 보세요.

A 잘 듣고 따라 말한 후 찬트를 불러 보세요.

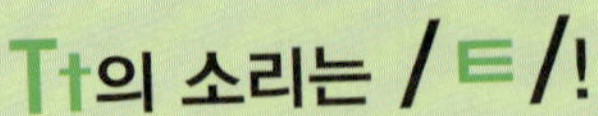

ten
십, 열

tent
텐트

tiger
호랑이

B 잘 듣고 **첫소리** 글자 또는 그림을 따라 길을 찾아가 보세요.

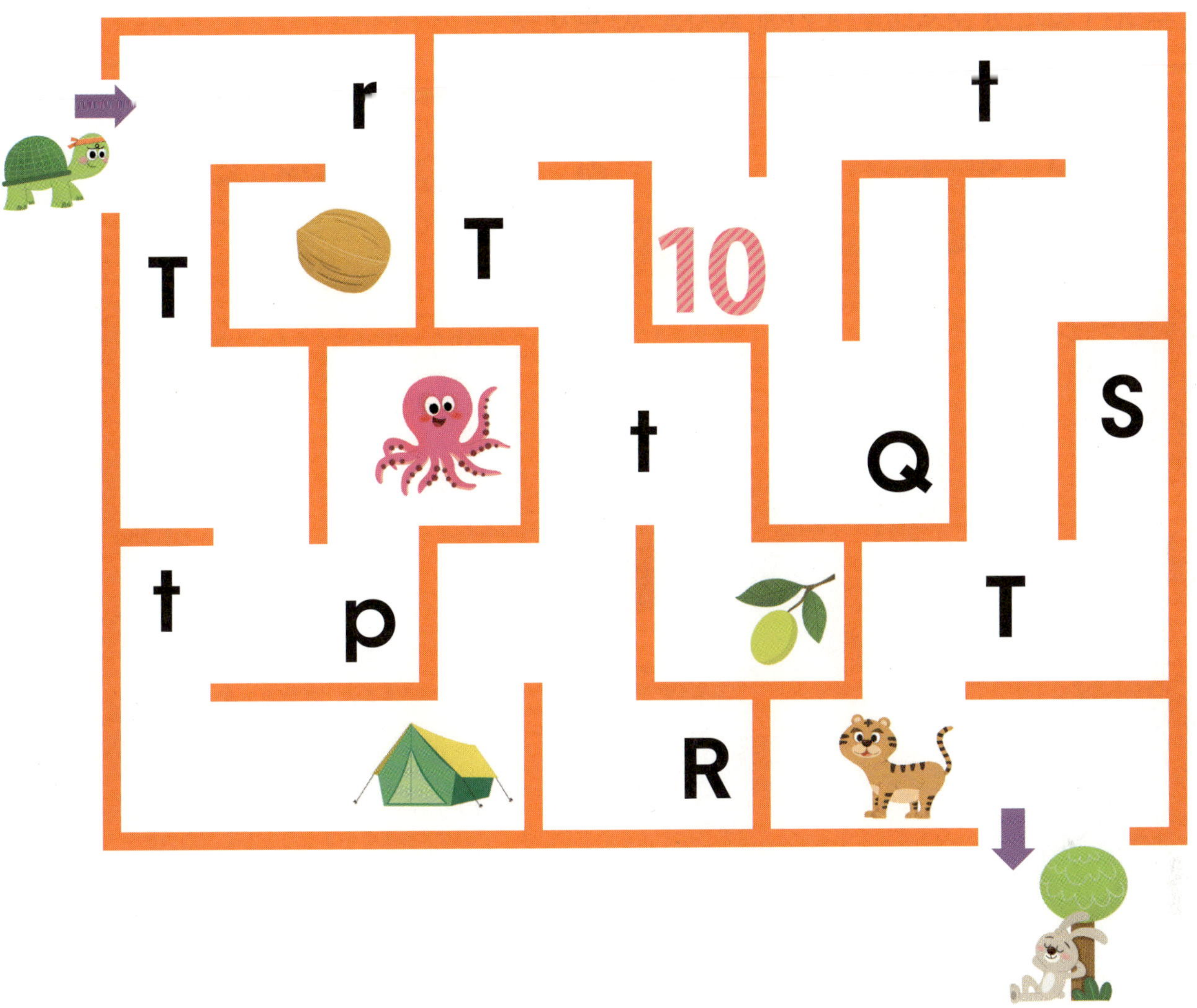

C 첫소리 글자를 **소문자**로 쓰고, 그림을 그려 완성해 보세요.

1. 

en

2. 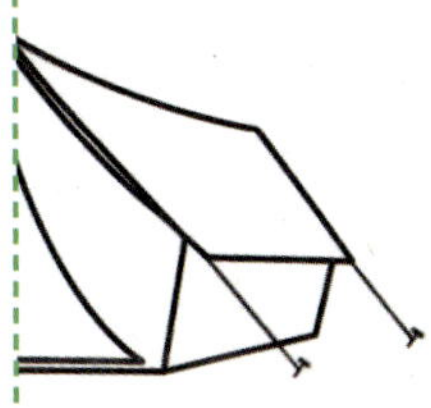

ent

3. 

iger

Qq, Rr, Ss, Tt의 이름과 소리를 말해 볼까?

뚝뚝한 하루

5일 Review Qq~Tt 복습

A 주어진 알파벳 순서대로 빈칸에 글자를 써 보세요.

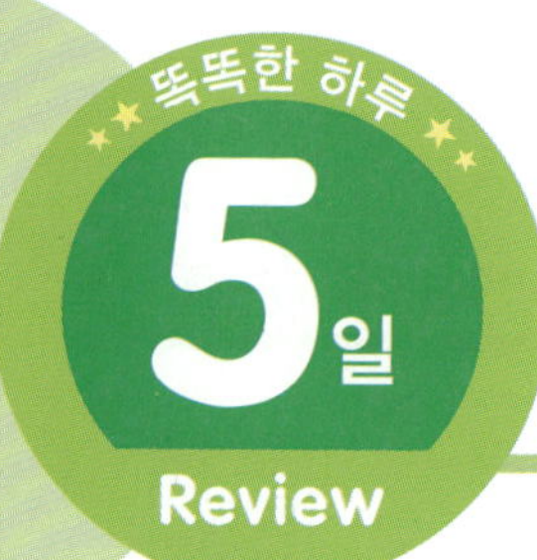

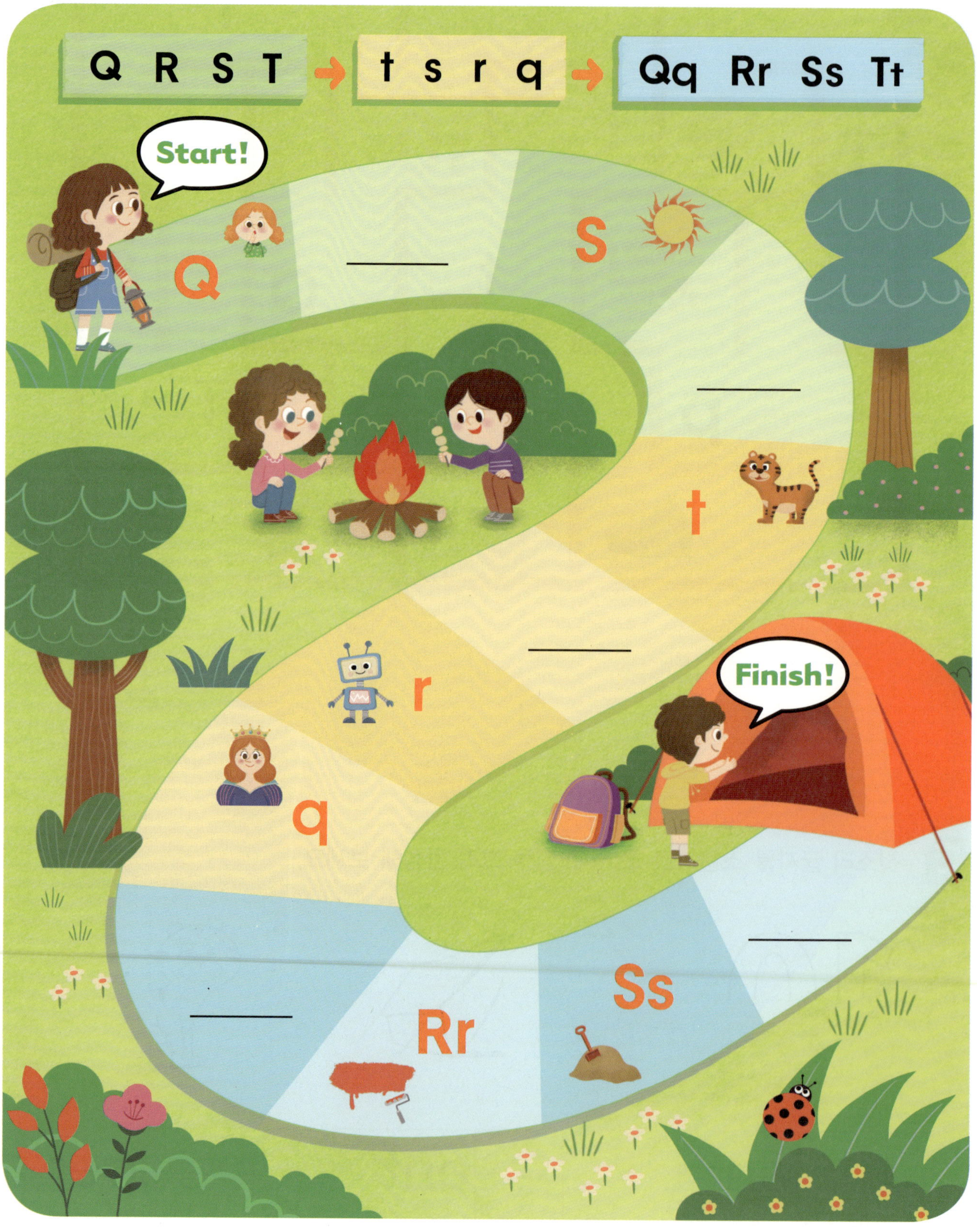

Q R S T → t s r q → Qq Rr Ss Tt
Start!
Q
S
t
r
q
Finish!
Rr
Ss

▶정답 13쪽

B 잘 듣고 그림과 첫소리 글자를 연결해 보세요.

1.

 　　Q 　　r

2.

 　　R 　　q

3.

 　　S 　　t

4.

 　　T 　　s

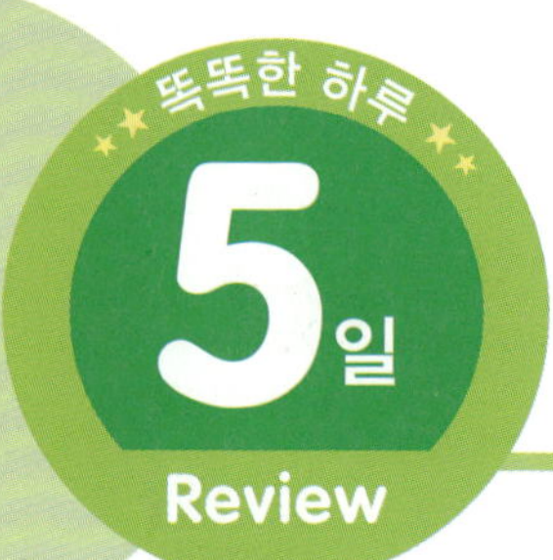

5일 Review

Story Time

A 이야기를 들으며 따라 읽어 보세요.

2
주

A 잘 듣고 짝이 되는 알파벳 글자에 동그라미 해 보세요.

1.

2.

3.

B 잘 듣고 두 그림에 공통으로 들어갈 첫소리 글자에 색칠해 보세요.

1.

Qq
Rr

2.

Ss
Tt

▶ 정답 14쪽

C 첫소리 글자와 그림, 단어를 연결해 보세요.

2 주

1.   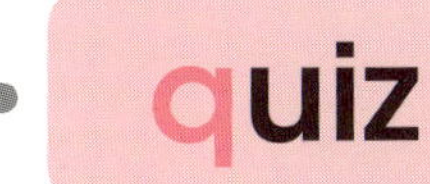

quiz

2.   

robot

3.   

tiger

D 그림에 알맞은 첫소리 글자를 골라 써 보세요.

1. 

r   s

☐ un

2. 

q   t

☐ en

Brain Game

길을 따라가며 퀴즈를 풀어 보세요.

2주

6 R Q

7 T S

그림의 첫소리 글자를 골라 봐.

FINISH

10 ___un S q

8 ___ent t s

9 ___abbit q r

Brain Game

A 대문자를 따라 그린 후, 같은 글자가 보이는 그림과 연결해 보세요.

1.

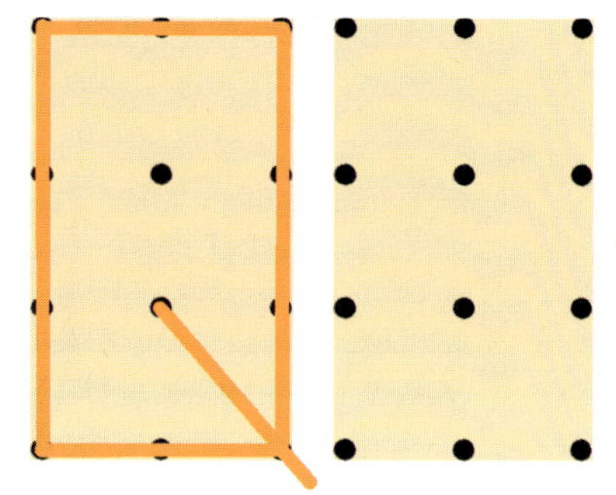

2.

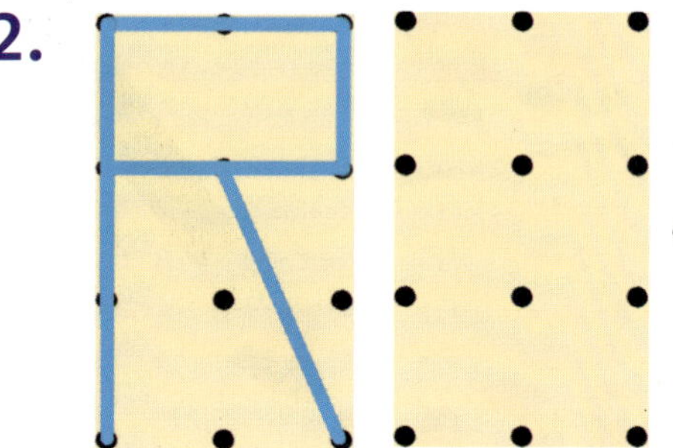

3.

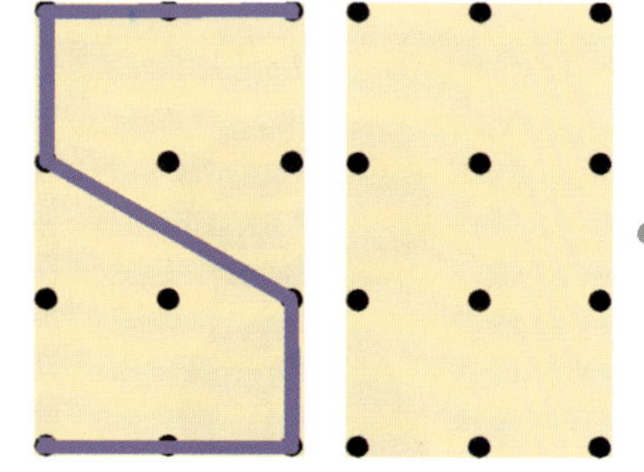

4.

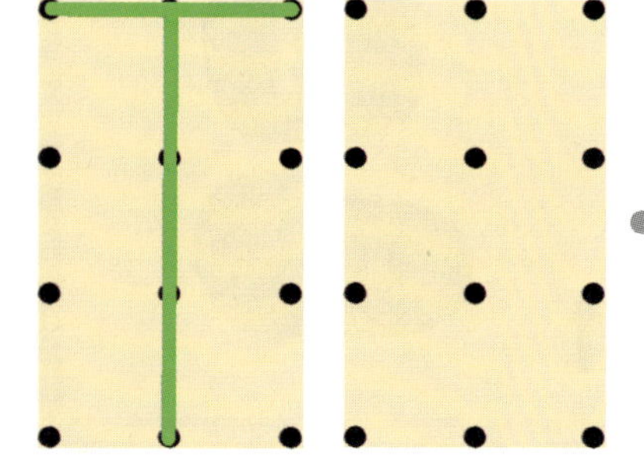

B 보기 와 같이 알파벳 순서대로 나가는 길을 찾아 선을 그어 보세요.

보기   Qq ➡ Rr ➡ Ss ➡ Tt

1.

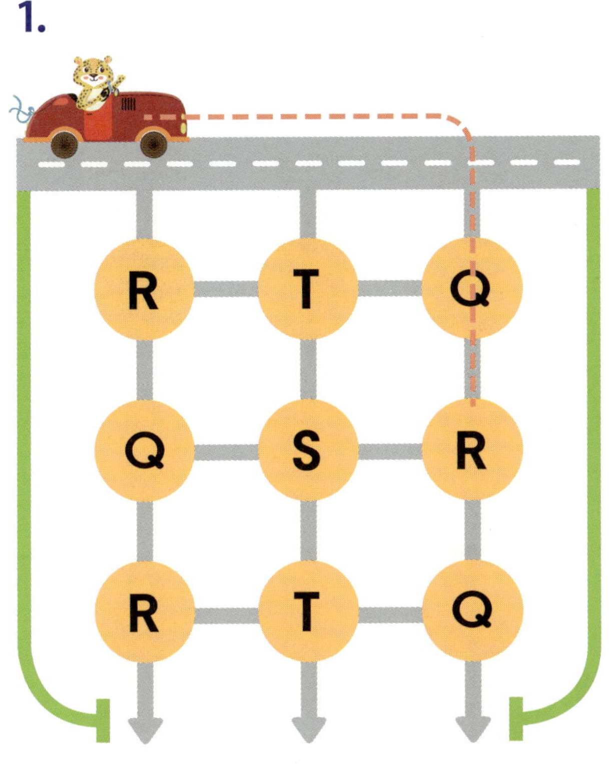

2.

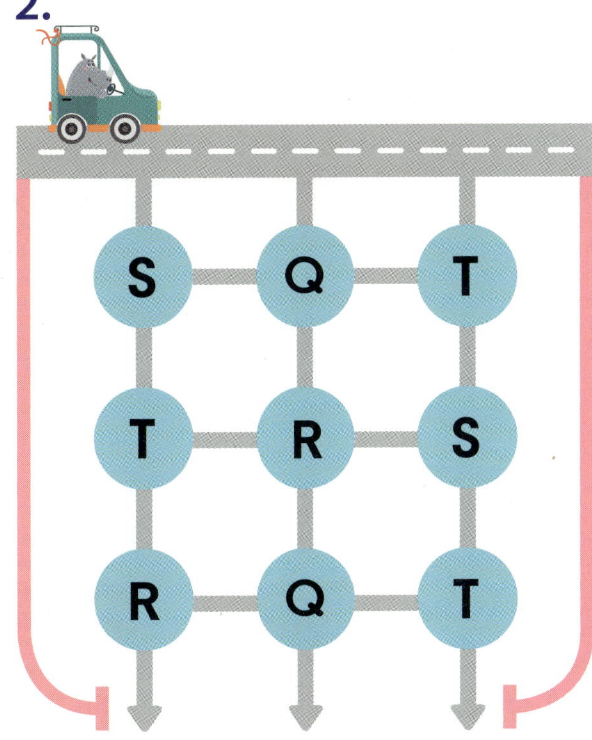

3.

4.

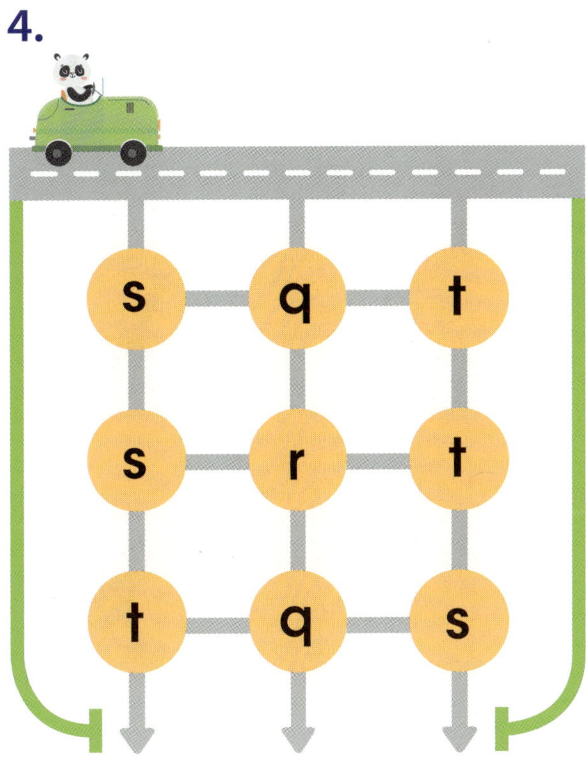

Brain Game

A 각 퍼즐에 공통으로 들어갈 <u>첫소리</u> 글자를 찾아 빈칸에 써 보세요.

1.

2.

3.

4.

B 그림의 첫소리 글자를 고르고, 다트를 돌려서 얻게 될 숫자를 빈칸에 써 보세요.

2
주

1 s r

2 t q

3 t s

4 r s

5 r q

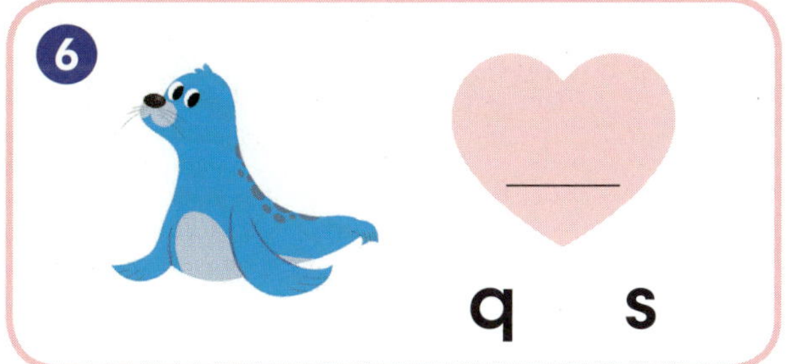

6 q s

이번 주에는 무엇을 배울까? ❶

1일 Uu
2일 Vv/Ww
3일 Xx
4일 Yy/Zz
5일 복습

3
주

7
8
포, 저기 나비 좀 봐!
따라가 보자!

9
와, 예쁘다!
마지막 알파벳 마을인가 봐!
U V W X Y Z

10
비 온다!

11
쏴아~

12
빨리 마을로 가자.

이번 주에는 무엇을 배울까? ❷

알파벳의 이름을 말해 보고, 스티커를 붙여 보세요.

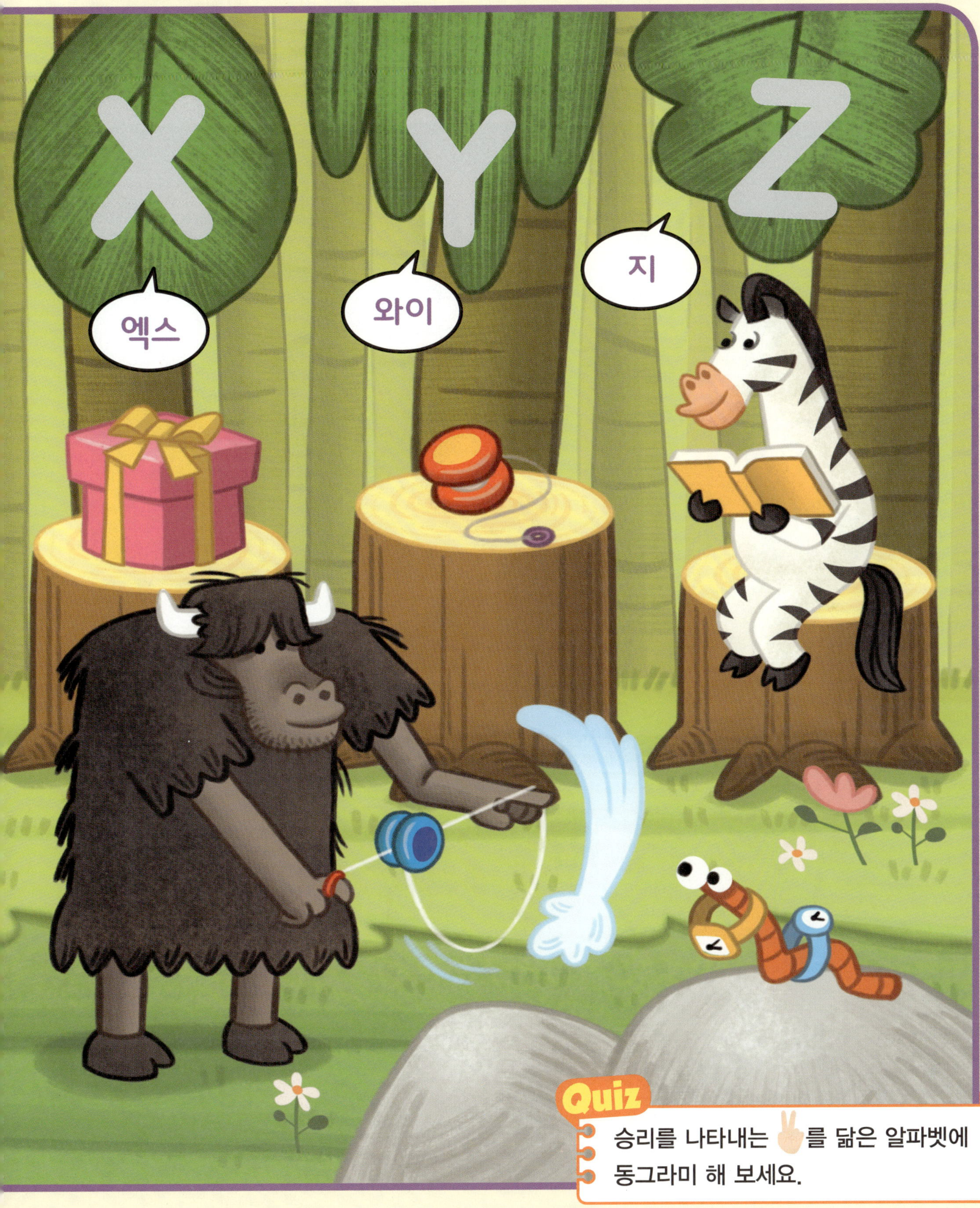

3
주

Quiz

승리를 나타내는 ✌를 닮은 알파벳에 동그라미 해 보세요.

1일 PHONICS

Uu 이름 '유'

 알파벳 스티커를 붙이고, Uu를 모두 찾아 동그라미 해 보세요.

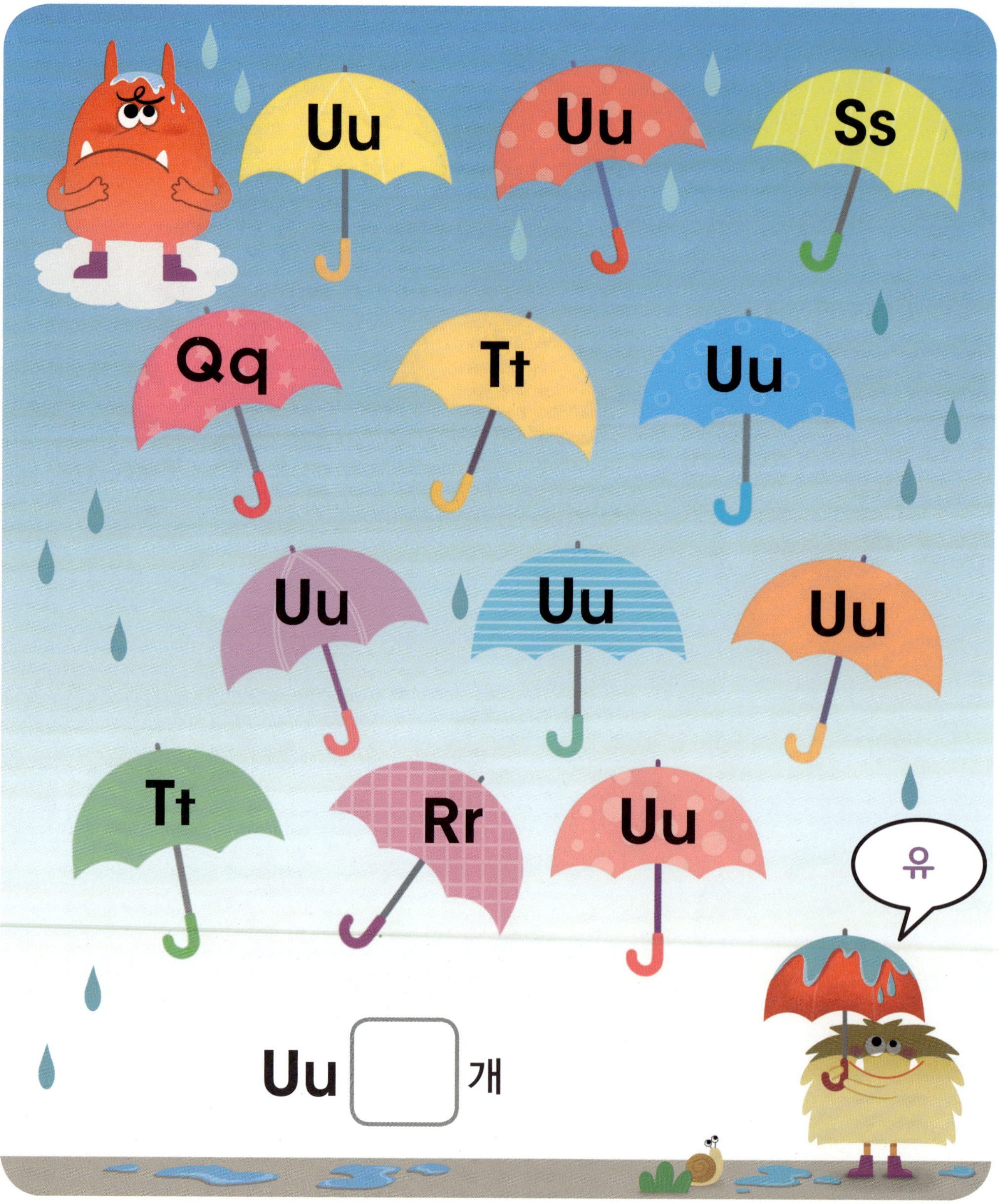

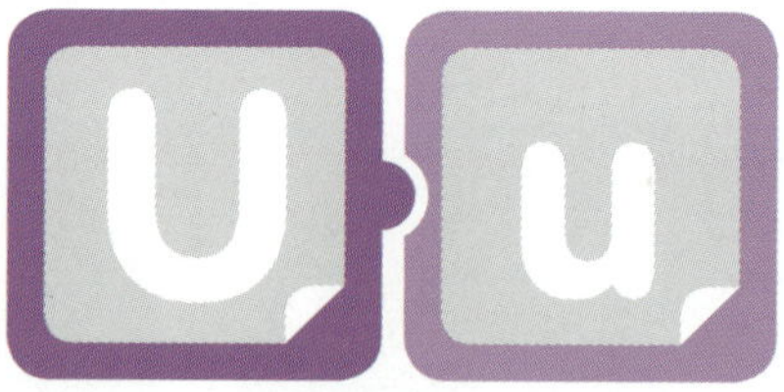

▶정답 16쪽

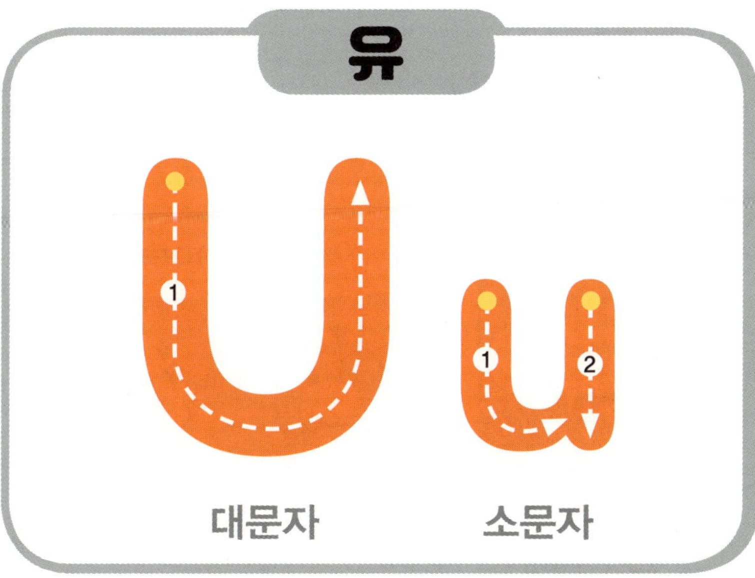

유

대문자   소문자

A 잘 듣고 알파벳 Uu의 이름을 말하면서 순서에 맞게 써 보세요.

B 단어에서 대문자 U와 소문자 u를 찾아 동그라미 해 보세요.

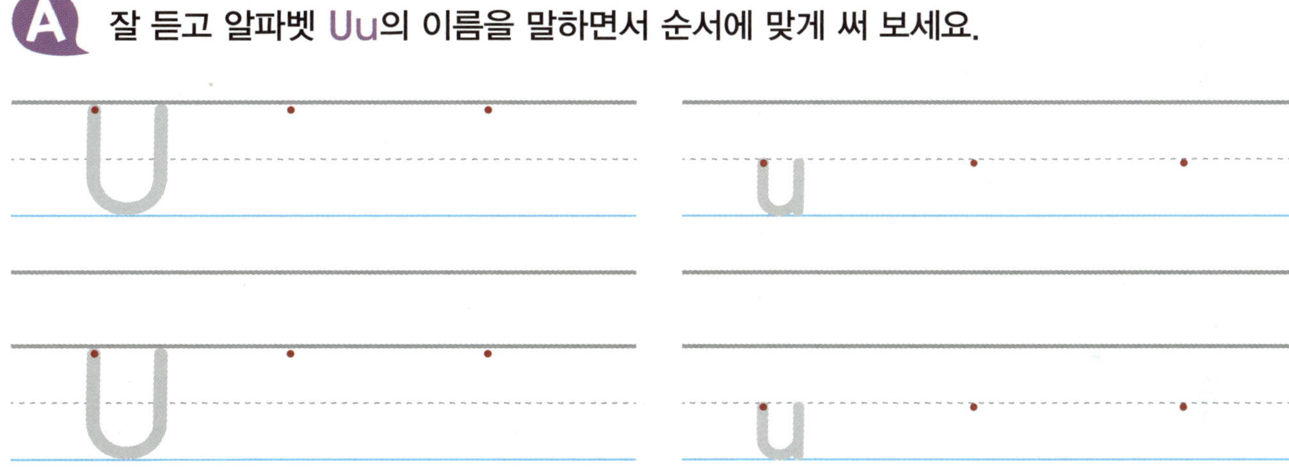

Uu 소리 /어/

 알파벳 Uu가 어떻게 소리 나는지 들어 보세요.

 **A** 잘 듣고 따라 말한 후 찬트를 불러 보세요.

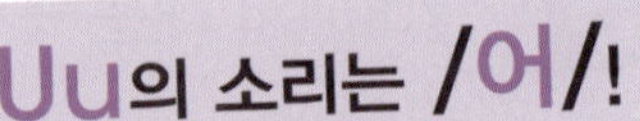

up
위로

uncle
삼촌

umbrella
우산

▶정답 17쪽

B 잘 듣고 첫소리 글자에 동그라미 한 다음, 그림과 연결해 보세요.

1.   U   R   

2.   t   u   

3.   Q   u   

C 첫소리 글자를 소문자로 쓰고, 그림을 색칠해 보세요.

1. 

2. 

3. 

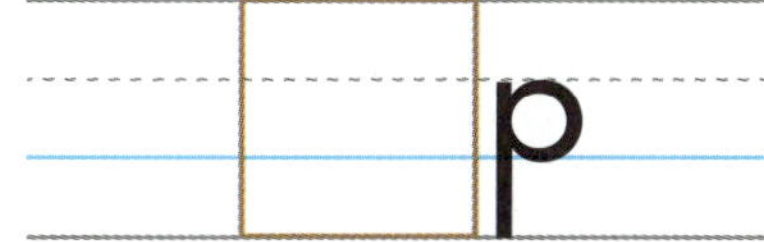

mbrella   p   ncle

Uu의 이름과 소리를 말해 볼까?

Vv 이름 '브이', Ww 이름 '더블유'

 알파벳 스티커를 붙이고, Vv와 Ww를 모두 찾아 동그라미 해 보세요.

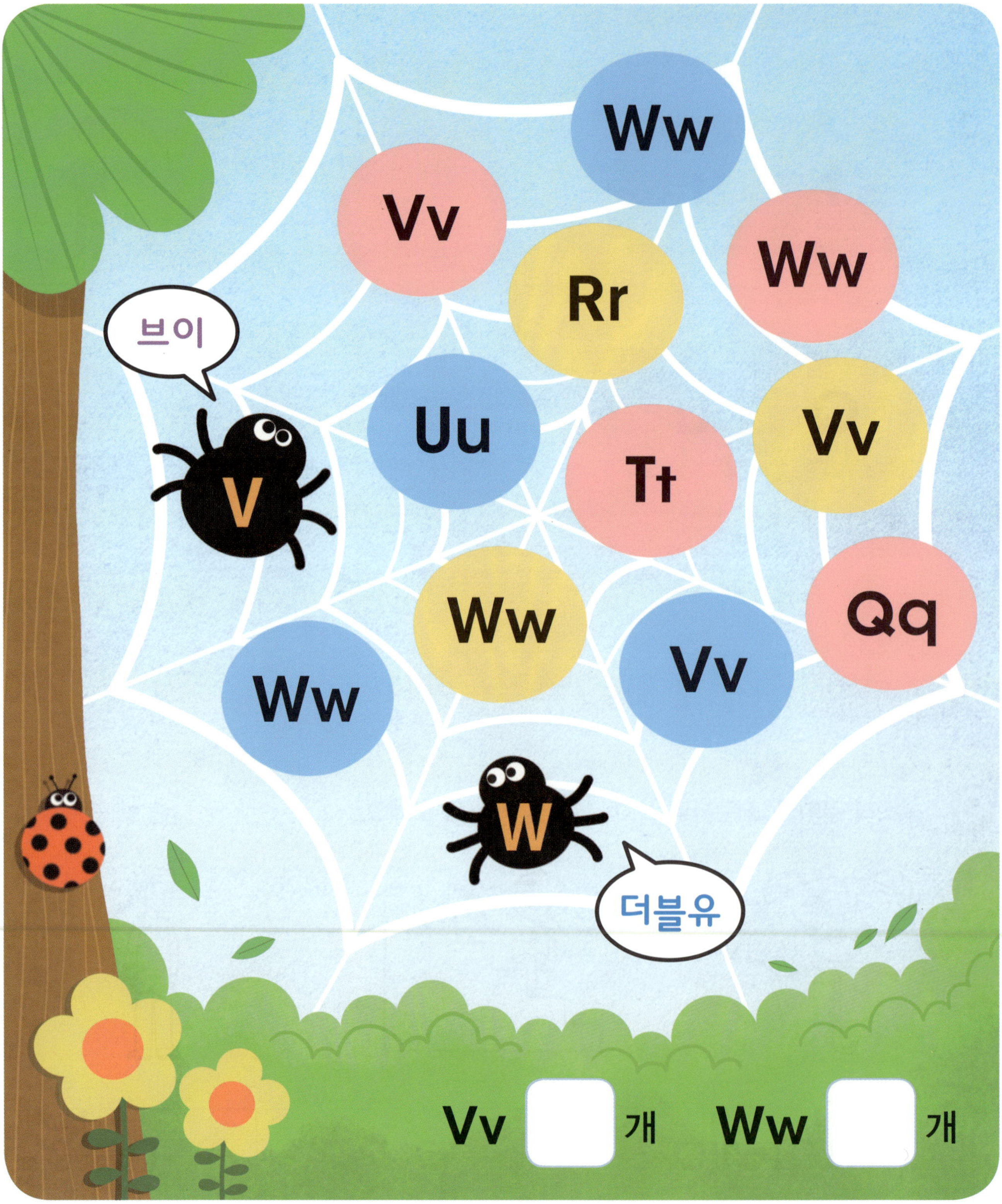

▶정답 17쪽

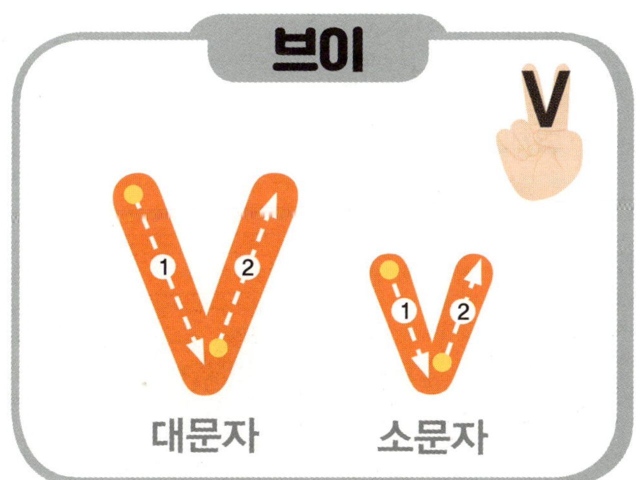

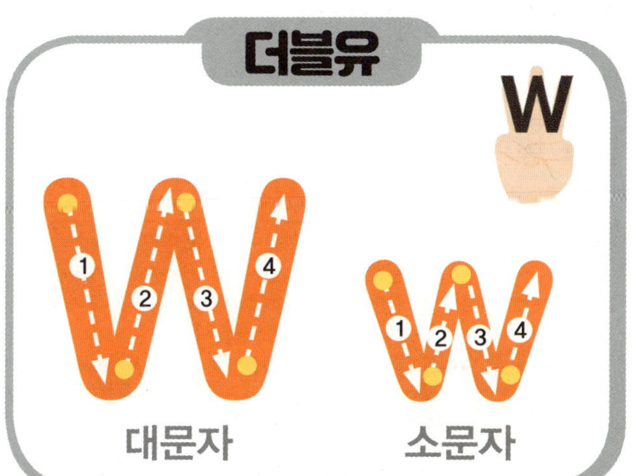

A 잘 듣고 알파벳 Vv와 Ww의 이름을 말하면서 순서에 맞게 써 보세요.

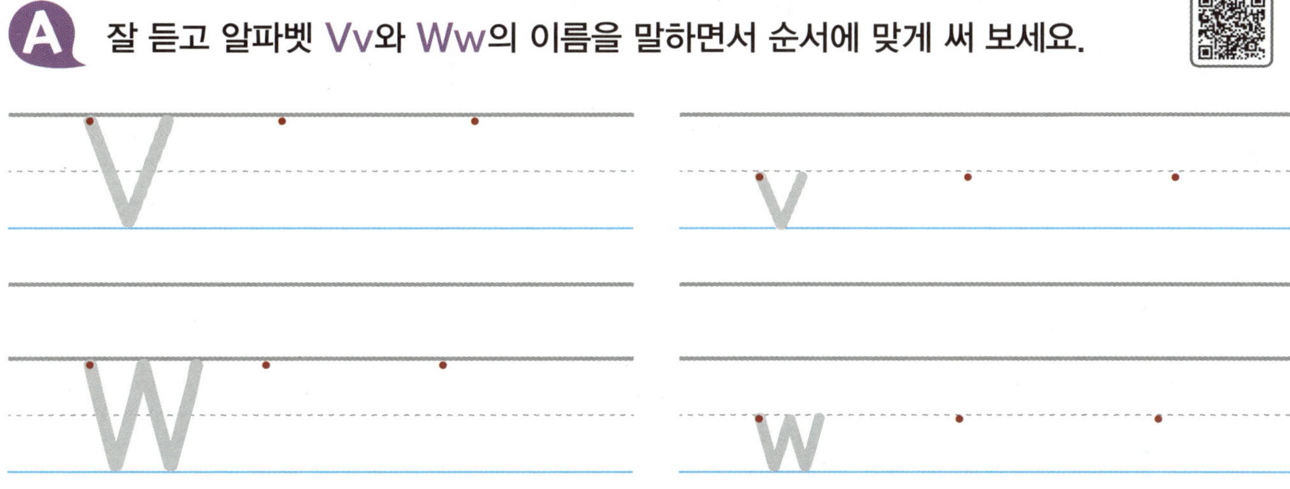

B 색깔이 같은 V와 v, W와 w가 짝이 되게 연결해 보세요.

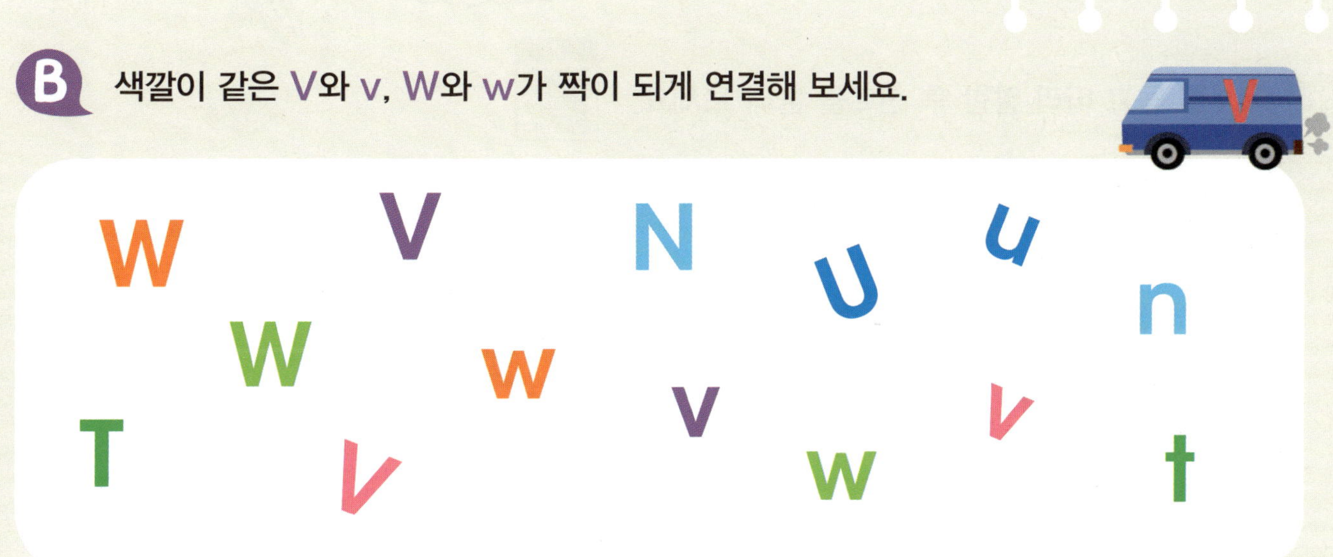

2일 PHONICS

Vv 소리 /ᵛㅂ/, Ww 소리 /워/

 알파벳 Vv와 Ww가 어떻게 소리 나는지 들어 보세요.

A 잘 듣고 따라 말한 후 찬트를 불러 보세요.

Vv 소리는 /ᵛㅂ/!

Ww 소리는 /워/!

van
밴

vest
조끼

web
거미줄

watch
손목시계

B 잘 듣고 첫소리 글자 또는 그림을 따라 길을 찾아가 보세요.

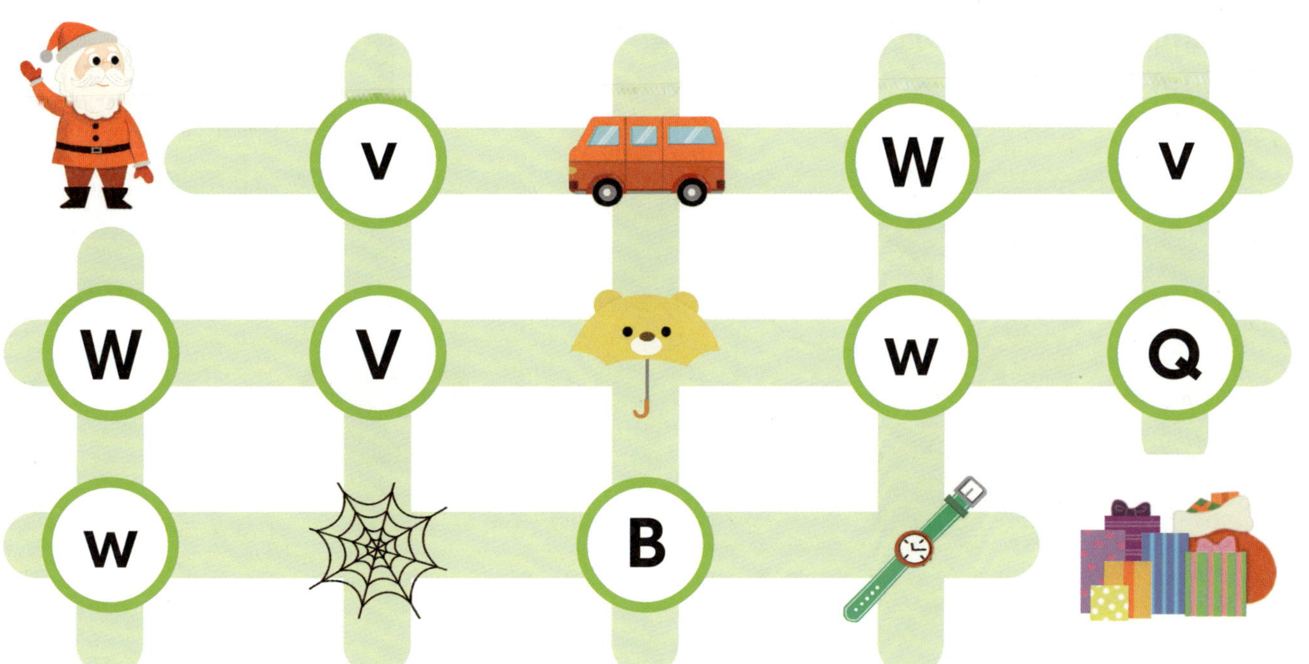

C 그림에 알맞은 첫소리 글자를 소문자로 써 보세요.

1.

__eb

2.

__an

3.

__atch

4.

__est

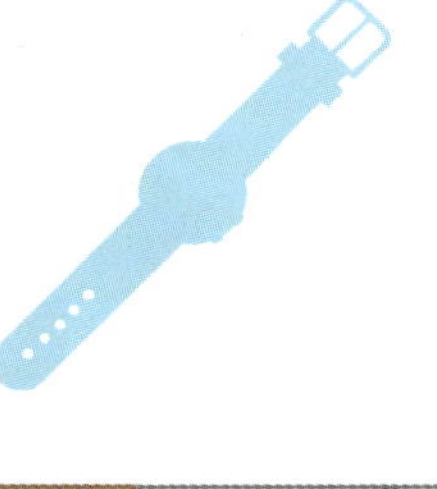

Uu, Vv, Ww의 이름과 소리를 말해 볼까?　Starter B **83**

Xx 이름 '엑스'

 알파벳 스티커를 붙이고, Xx를 찾아 길을 따라가 보세요.

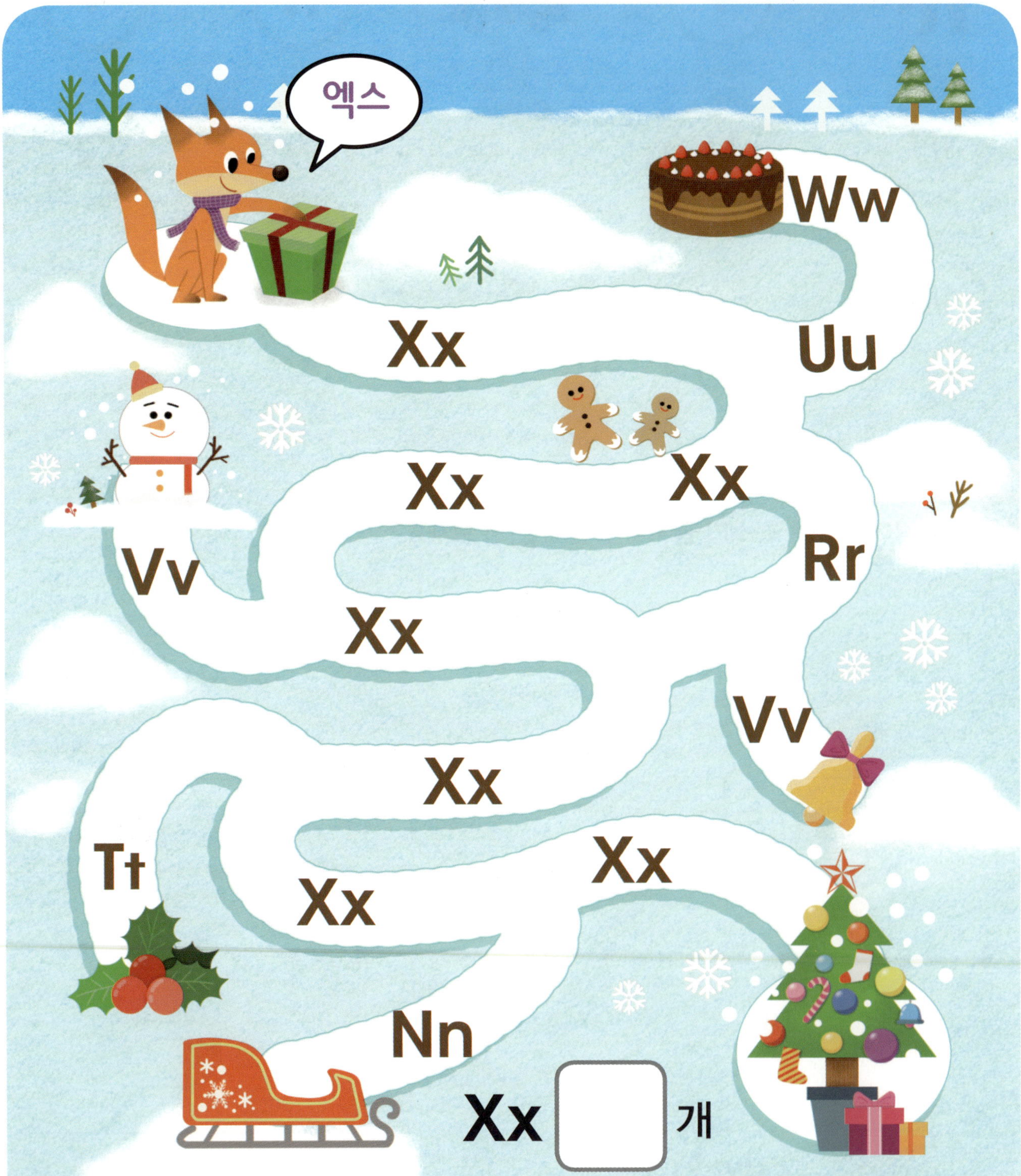

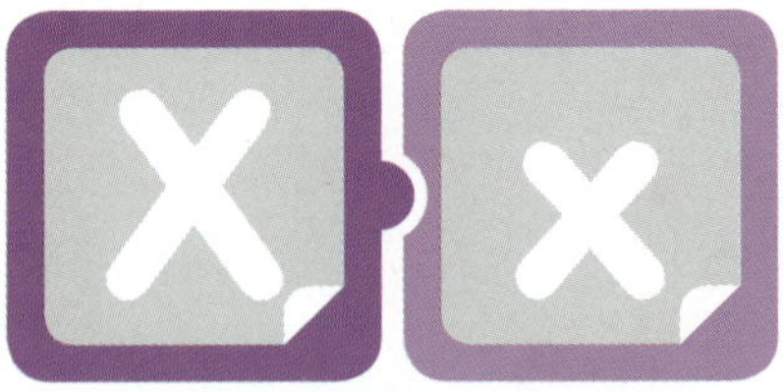

▶정답 18쪽

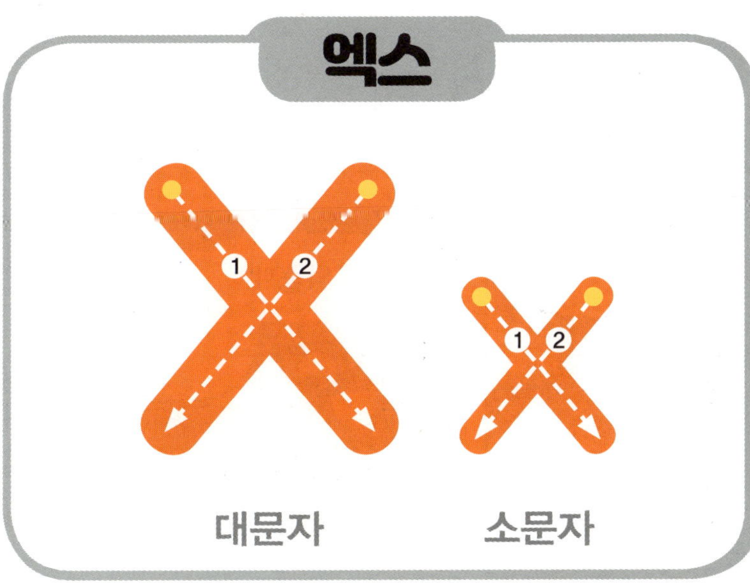

A 잘 듣고 알파벳 Xx의 이름을 말하면서 순서에 맞게 써 보세요.

B 대문자 X와 소문자 x를 찾아 모두 색칠하고, 이름을 말해 보세요.

W	V	x	w	U
X	x	q	S	X

3일 PHONICS
Xx 소리 /ㅋㅅ/

📖 알파벳 Xx가 어떻게 소리 나는지 들어 보세요.

A 잘 듣고 따라 말한 후 찬트를 불러 보세요.

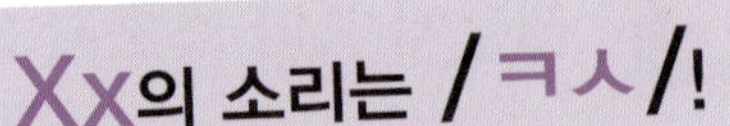

box
상자

fox
여우

six
육, 여섯

B 잘 듣고 끝소리 글자에 동그라미 한 다음, 그림과 연결해 보세요.

1. U X u x

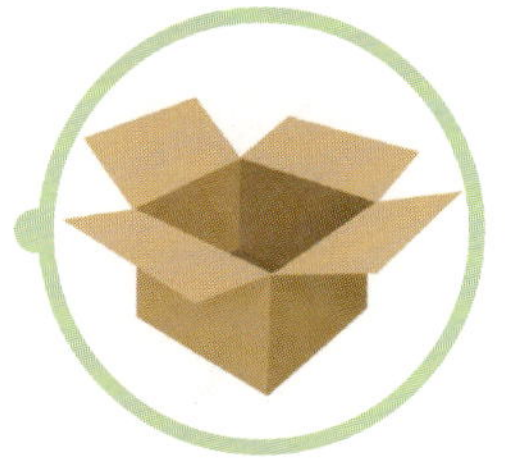

2. x r R X

3. Q X q x

3
주

C 끝소리 글자를 소문자로 쓰고, 그림을 그려 완성해 보세요.

1. 

fo

2. 

si

3. 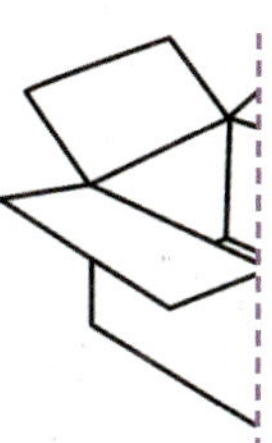

bo

Uu, Vv, Ww, Xx의 이름과 소리를 말해 볼까?

Yy 이름 '와이', Zz 이름 '지'

 알파벳 스티커를 붙이고, 그림 속 Yy와 Zz를 각각 색칠해 보세요.

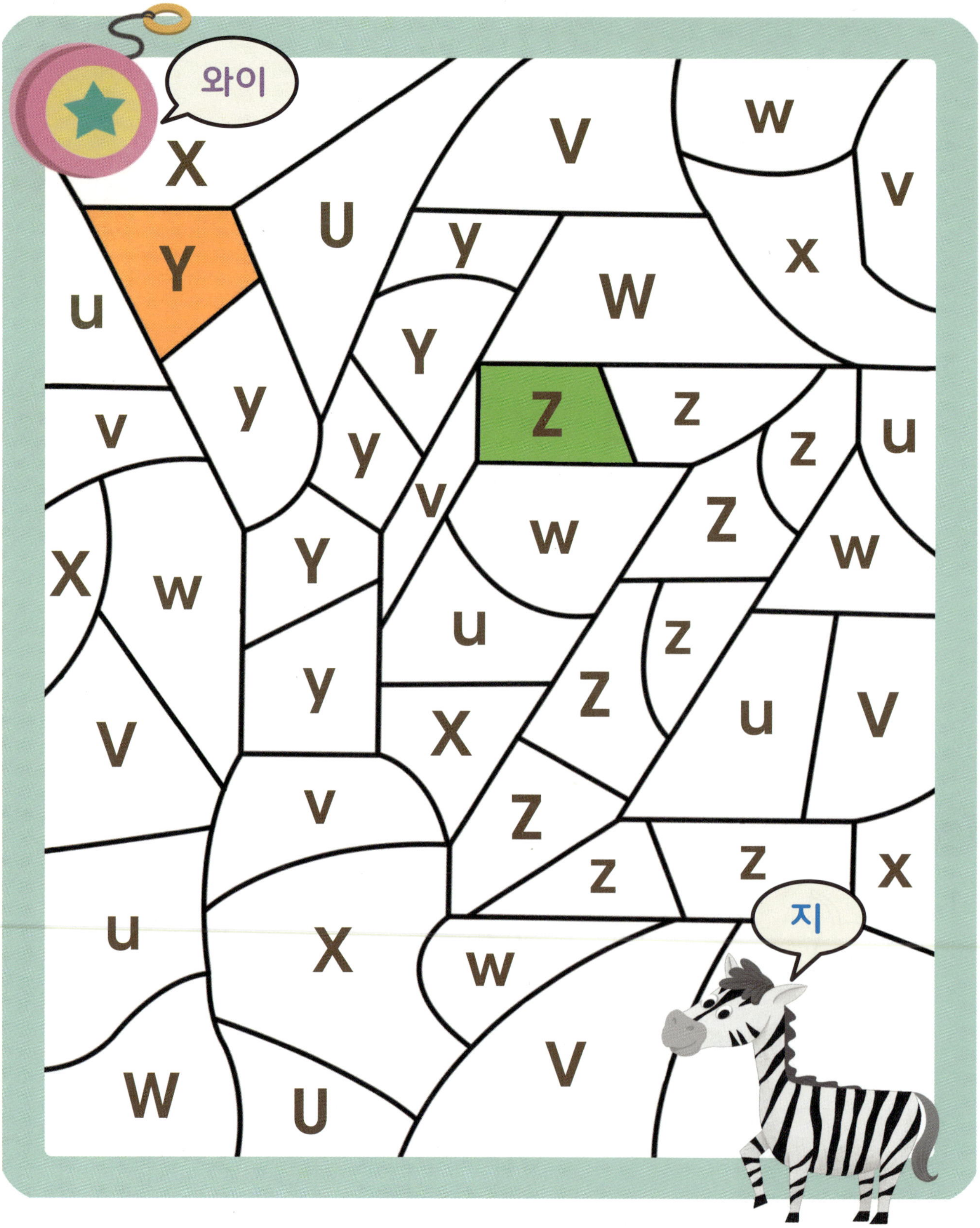

▶정답 19쪽

와이	지

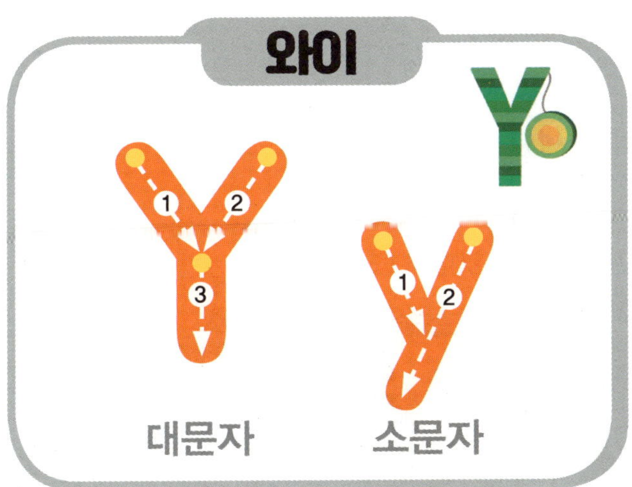

대문자　　　소문자

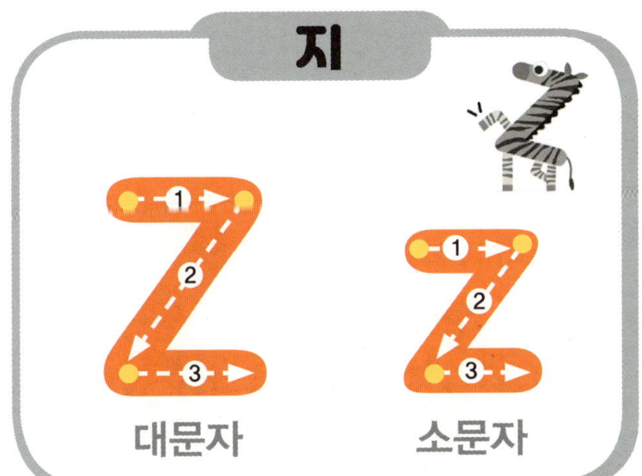

대문자　　　소문자

A 잘 듣고 알파벳 Yy와 Zz의 이름을 말하면서 순서에 맞게 써 보세요.

3주

B 알파벳 Y와 y, Z와 z를 각각 연결해서 길을 찾아가 보세요.

Y	y	Y		X	t	z
w	z	y		U	W	Z
r	r	Y		y	Z	z
r	Y	y		Z	z	k

4일 PHONICS

Yy 소리 /여/, Zz 소리 /ᶻ즈/

 알파벳 Yy와 Zz가 어떻게 소리 나는지 들어 보세요.  

A 잘 듣고 따라 말한 후 찬트를 불러 보세요. 

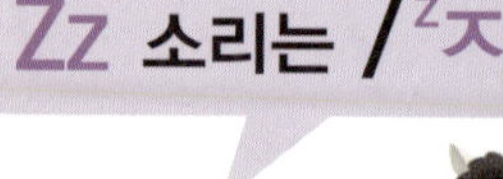

yellow
노랑

yo-yo
요요

zoo
동물원

zebra
얼룩말

A 잘 듣고 첫소리 글자 또는 그림을 따라 길을 찾아가 보세요.

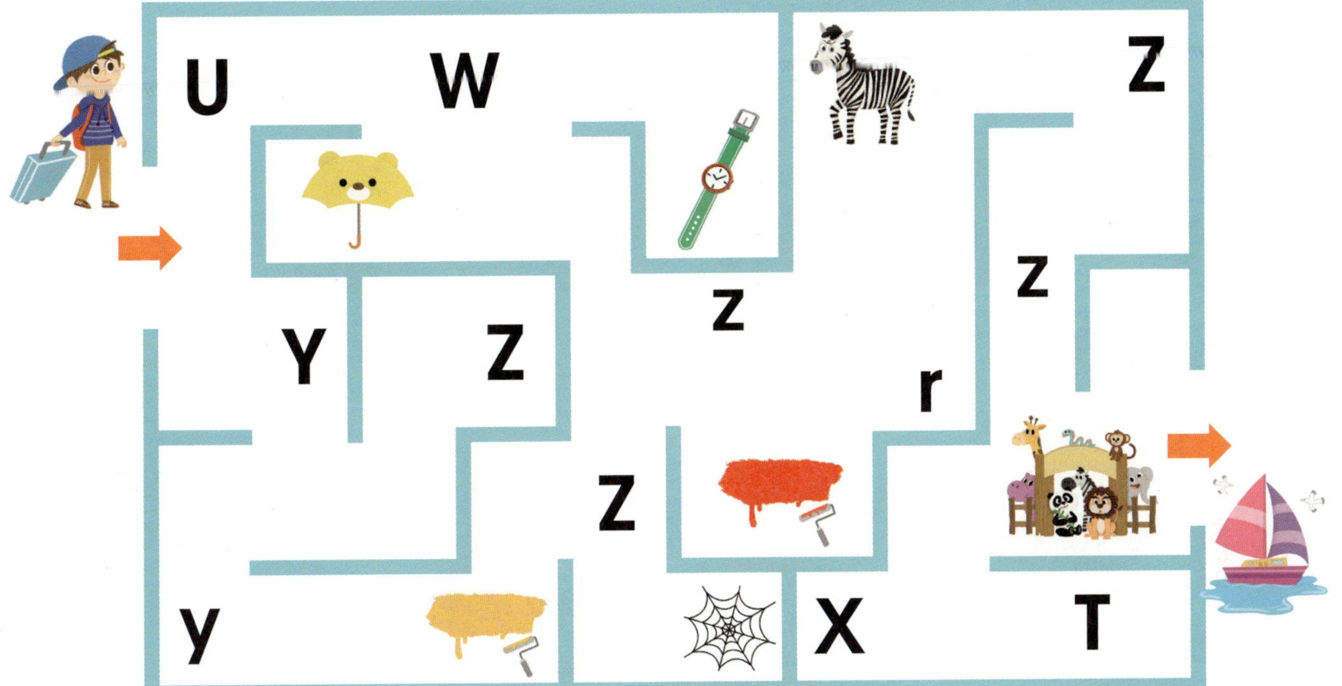

B 스티커를 붙이고, 첫소리 글자를 소문자로 써 보세요.

1.
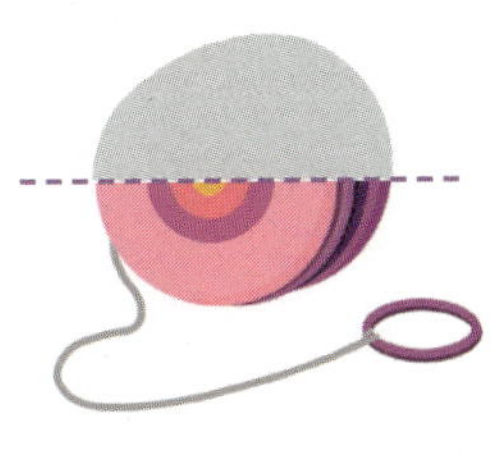
o-yo

2.
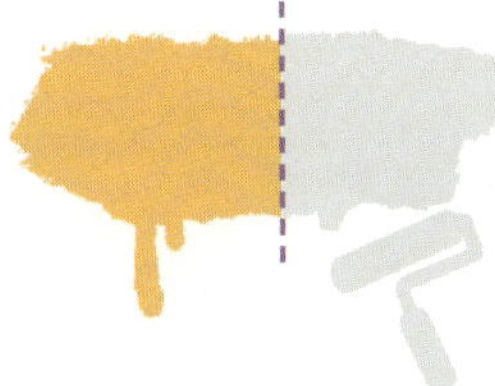
ellow

3.

ebra

4.

oo

Uu, Vv, Ww, Xx, Yy, Zz의 이름과 소리를 말해 볼까?

5일 Review

Uu ~ Zz 복습

A 알파벳 순서대로 점을 연결해 보세요.

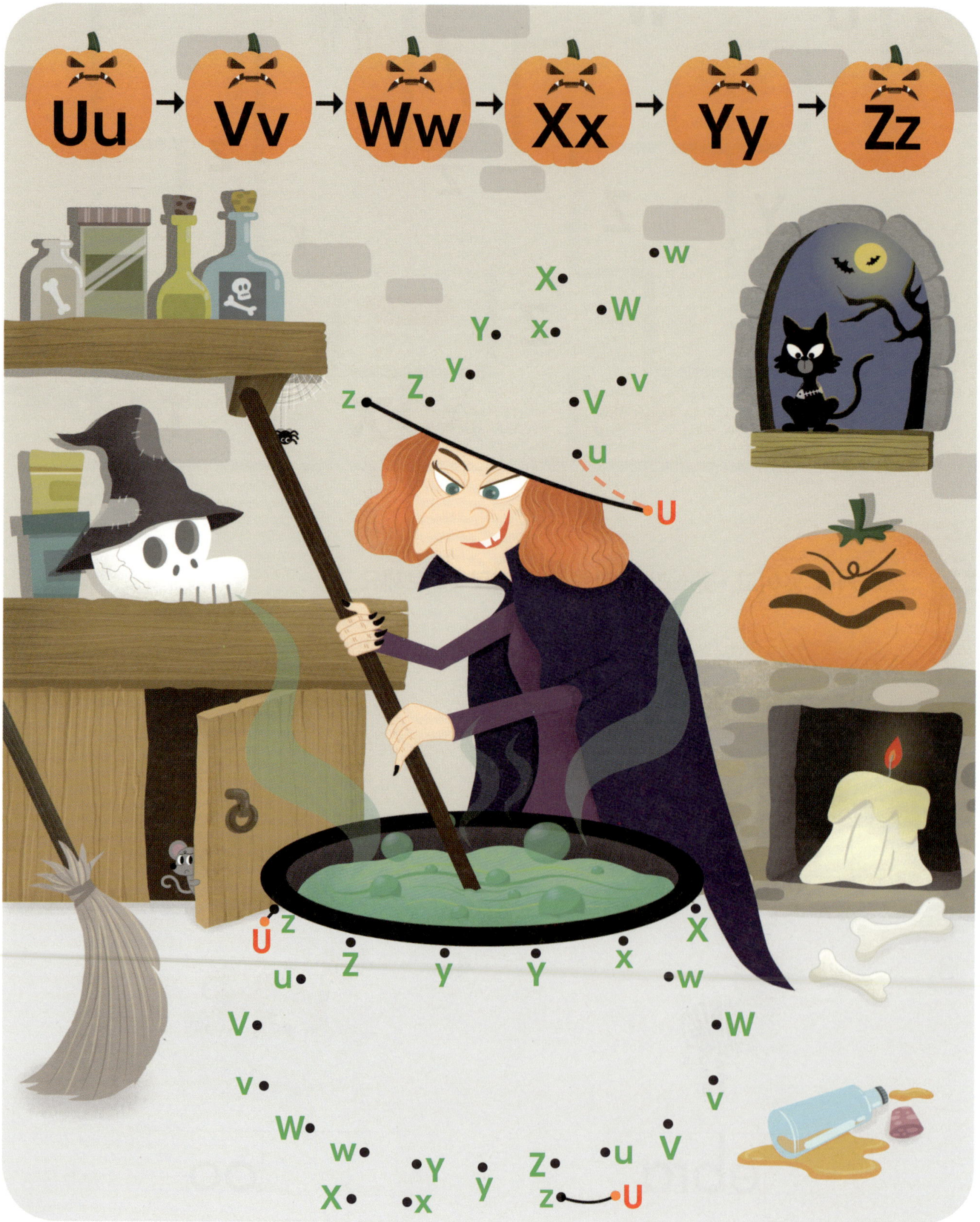

▶정답 20쪽

B 잘 듣고 그림과 첫소리 글자를 연결해 보세요.

1.

 U
 V

2.

 V
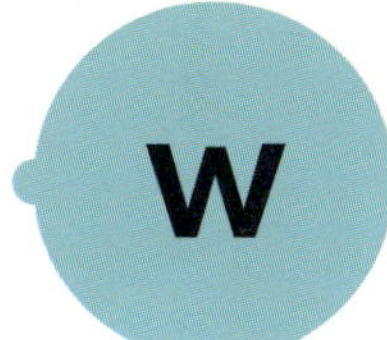 W

3.

 Y
 u

4.

 W
 y

Story Time

A 이야기를 들으며 따라 읽어 보세요.

3
Zack
Uncle Zack's big box
Sticker

4
Uncle Zack's yellow yo-yo
Sticker
Zack

A 잘 듣고 짝이 되는 알파벳 글자에 동그라미 해 보세요.

1.

Y

y
x

2.

U

z
u

3.

W

W
V

B 잘 듣고 두 그림에 공통으로 들어갈 첫소리 또는 끝소리 글자에 색칠해 보세요.

1.

Uu
Zz

2.

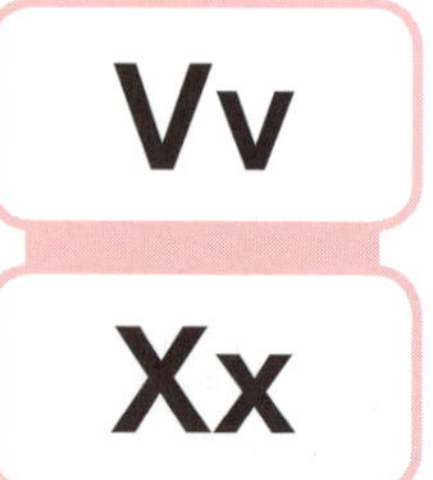

Vv
Xx

C 첫소리 글자와 그림, 단어를 연결해 보세요.

1.  Uu · ·  · ·  watch

2.  Ww · ·  · · yellow

3.  Yy · ·  · · umbrella

D 그림에 알맞은 첫소리 또는 끝소리 글자를 골라 써 보세요.

1. 

y   x

fo

2. 

v   z

an

Brain Game

길을 따라가며 퀴즈를 풀어 보세요.

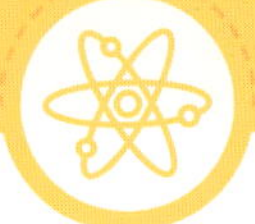

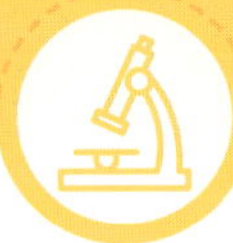

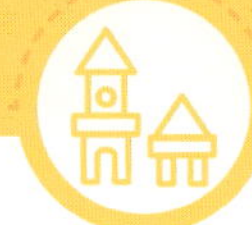

▶정답 22쪽

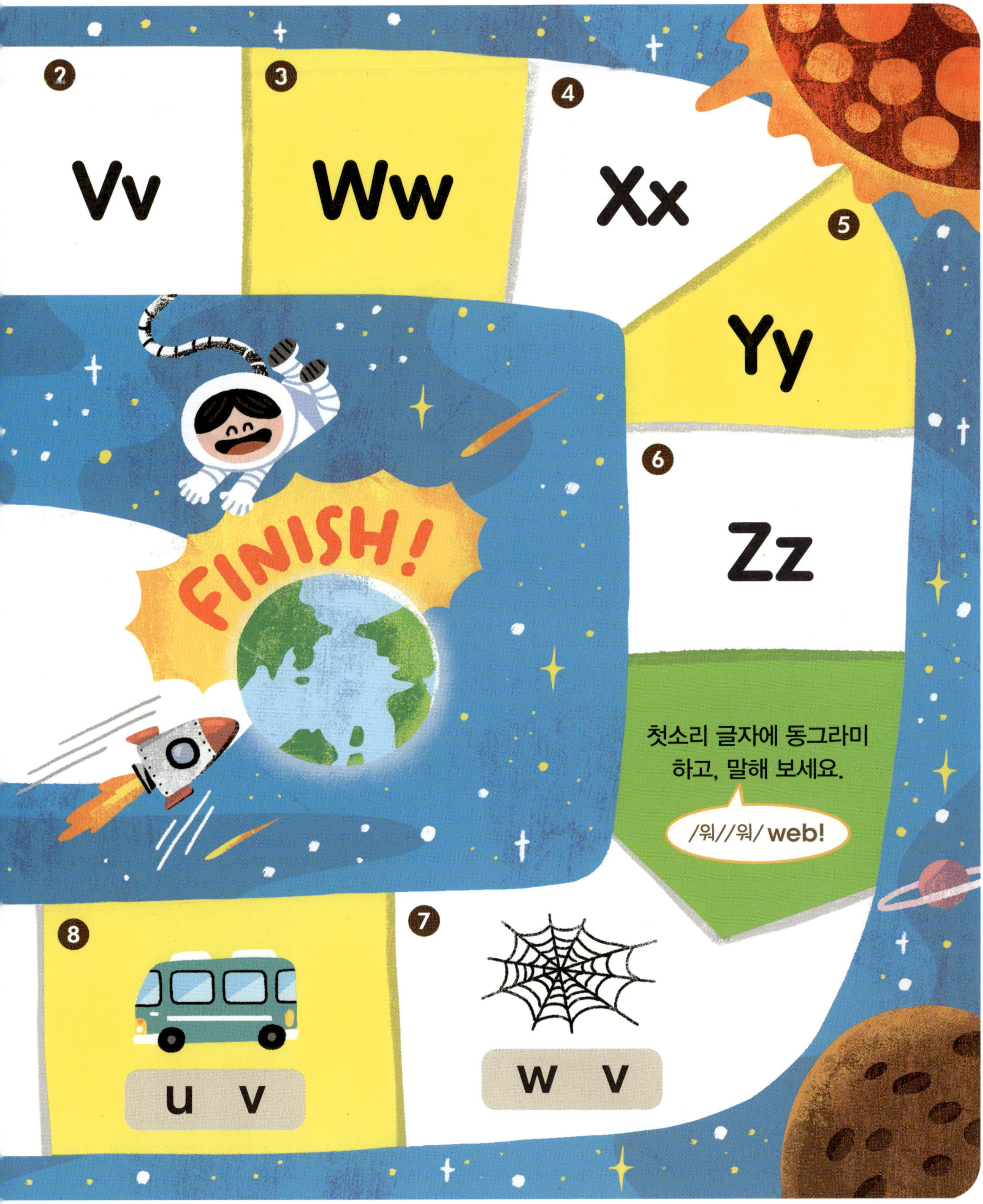

2
Vv
3
Ww
4
Xx
5
Yy
6
Zz
FINISH!
첫소리 글자에 동그라미 하고, 말해 보세요.
/워//워/ web!
7
w v
8
u v

A 보기 처럼 종이를 반으로 접어서 오리면 나오게 될 알파벳을 찾아 연결해 보세요.

1. 

2. 

3. 

4. 

B 순서에 맞게 눈사람 컵 안에 알파벳 대문자 또는 소문자를 써 보세요.

❶ U ___ W

❷ v w ___

❸ w x ___

❹ V ___ X

❺ ___ v w

❻ X Y ___

Brain Game

A 첫소리 또는 끝소리 글자에 동그라미 하고, 순서대로 선을 그어 잠금 패턴을 풀어 보세요.

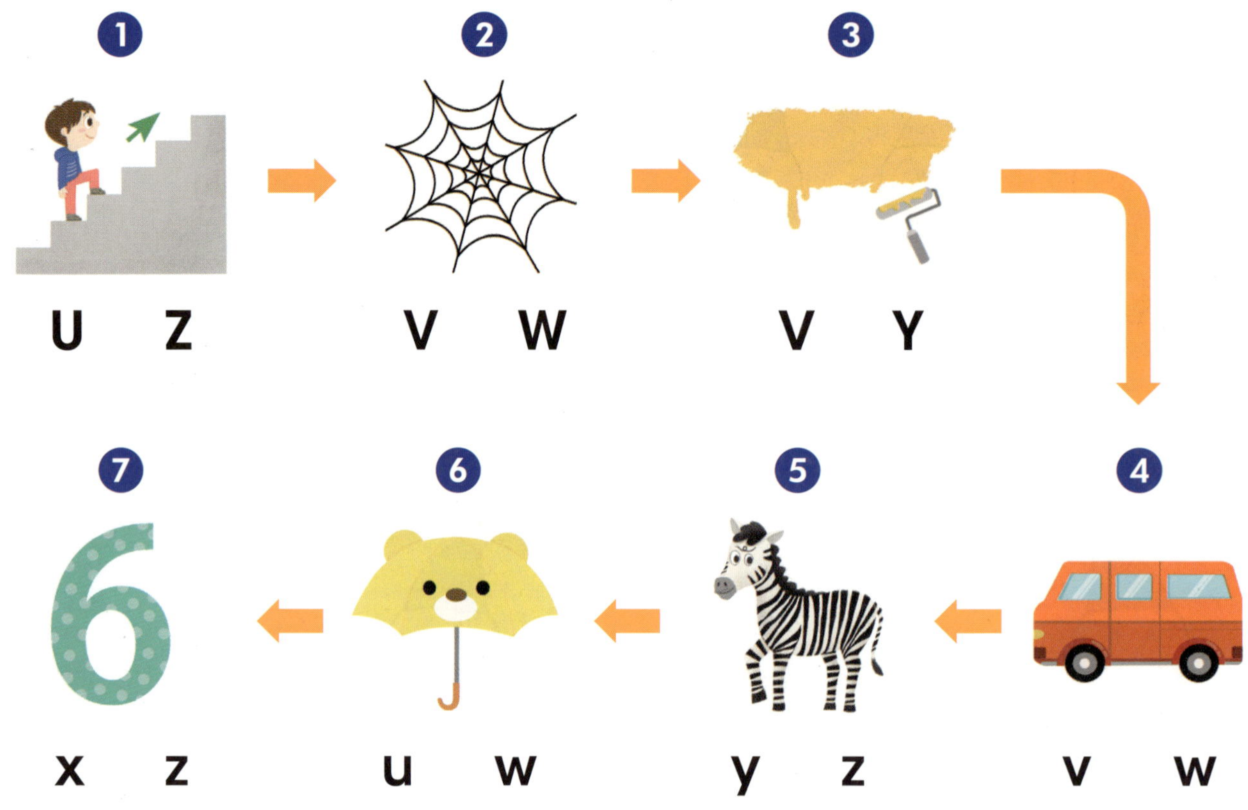

▶정답 23쪽

B 그림을 보고 지워진 글자와 연결해 보세요.

1.  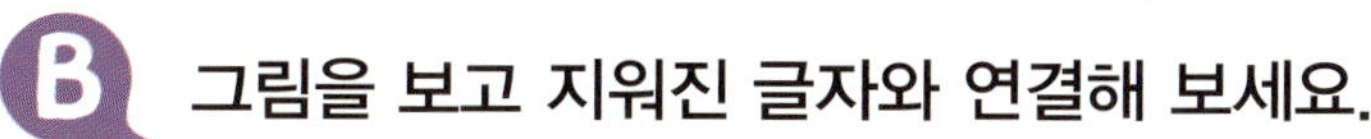
an

2. 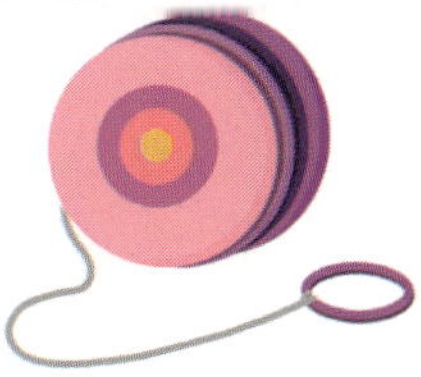
o-yo

3. 
atch

4. 
ebra

u v w y z

5. 
ncle

6. 
eb

7. 
oo

8. 
est

복습 · 기초 탄탄 Review Aa~Zz

A 짝이 되는 알파벳 스티커를 붙여 보세요.

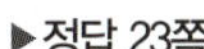

▶정답 23쪽

이해 쏙쏙 Activity

A 알파벳 대문자 A에서 Z까지 순서대로 연결한 후, 색칠해 보세요.

B 알파벳 소문자 a에서 z까지 순서에 맞게 빈칸에 써 보세요.

p z c x e j m s h v

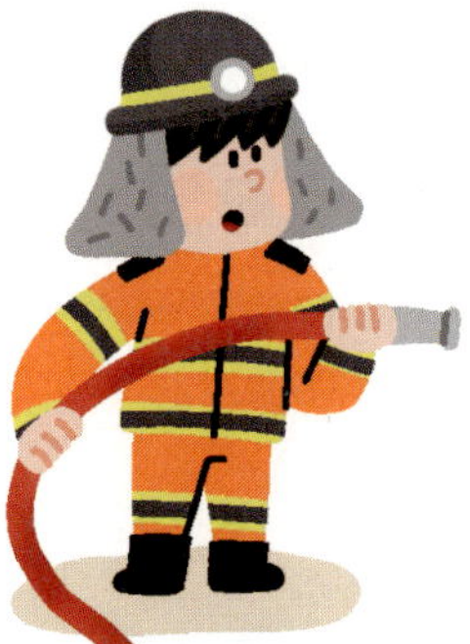

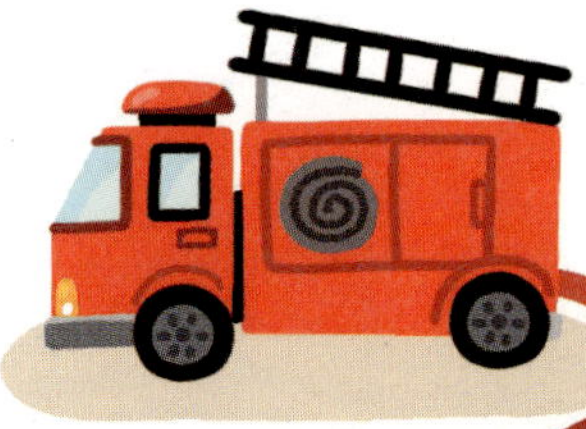

이해 쏙쏙 Activity

C 잘 듣고 그림에 공통으로 들어갈 <u>첫소리</u> 글자를 골라 보세요.

1. 

2. 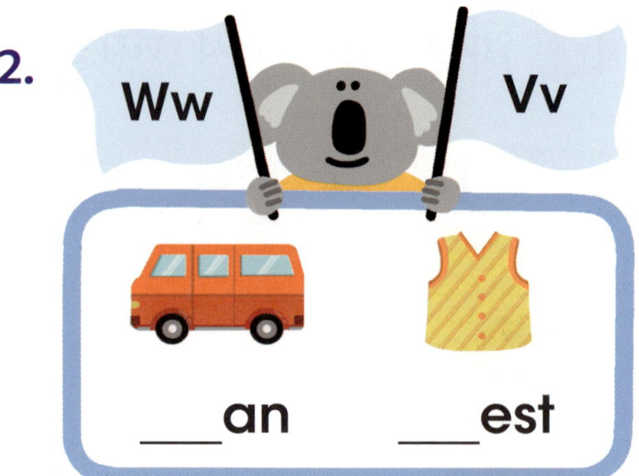

3.

4. 

5. 

6. 

D 잘 듣고 첫소리 글자와 그림을 연결해 보세요.

1.  **N**

2.  **Z**

3.  **R**

4.  **S**

실력 쑥쑥 TEST ❶

A 잘 듣고 **첫소리** 글자와 그림에 동그라미 해 보세요.

1. B P

2. E F

3. M L

4. Q K

5. C J

6. O I

B 잘 듣고 첫소리 글자와 그림을 연결해 보세요.

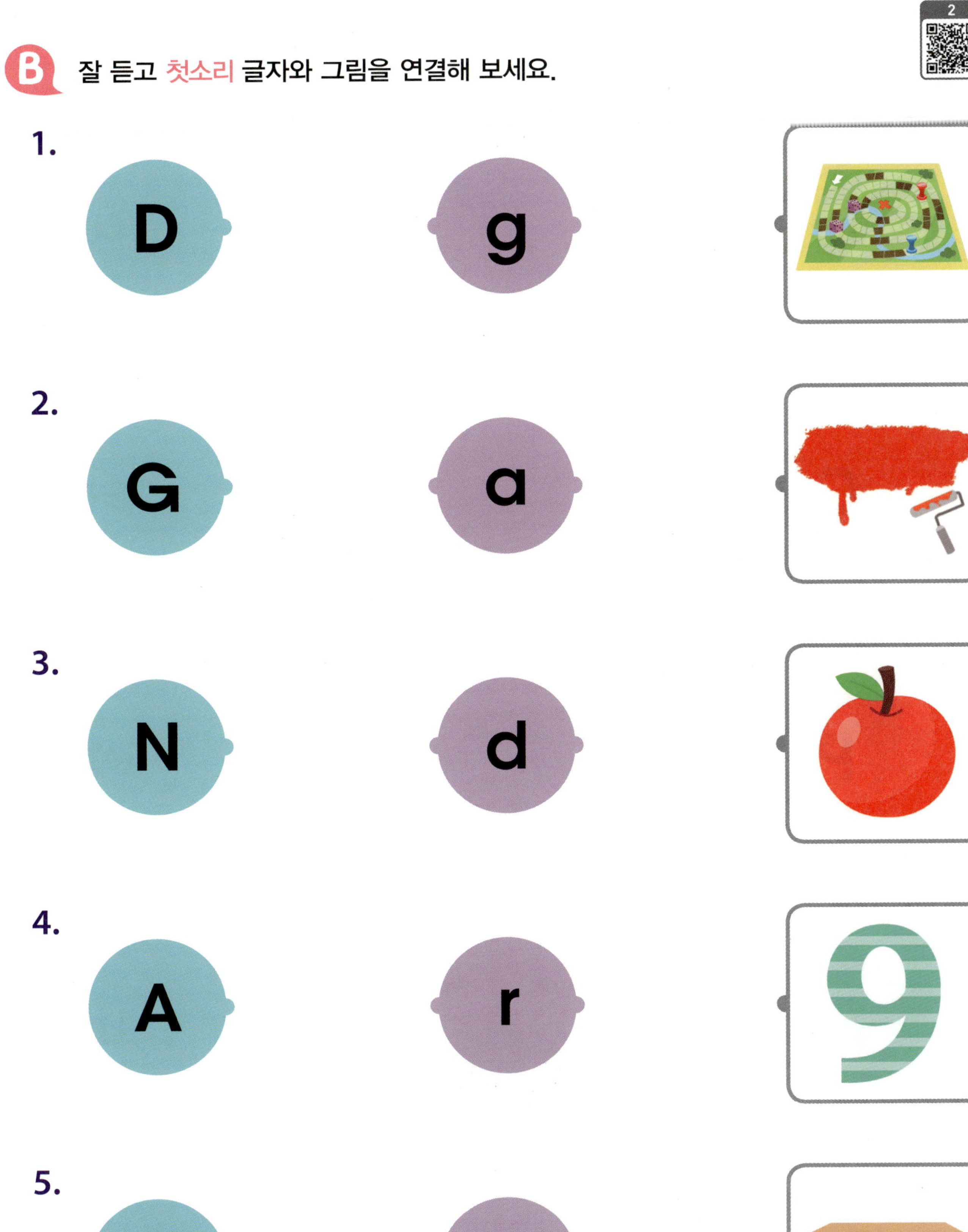

1. D   g

2. G   a

3. N   d

4. A   r

5. R   n

C 첫소리 글자와 그림, 단어를 연결하고 읽어 보세요.

1. N   map

2. C   pen

3. P 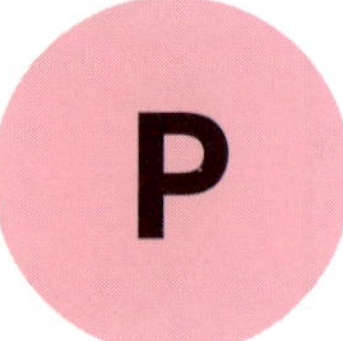  jet

4. M   nut

5. J   cake

D 빈칸에 알맞은 첫소리 글자를 찾아 쓰고, 단어를 읽어 보세요.

m　　o　　p　　q　　r　　s

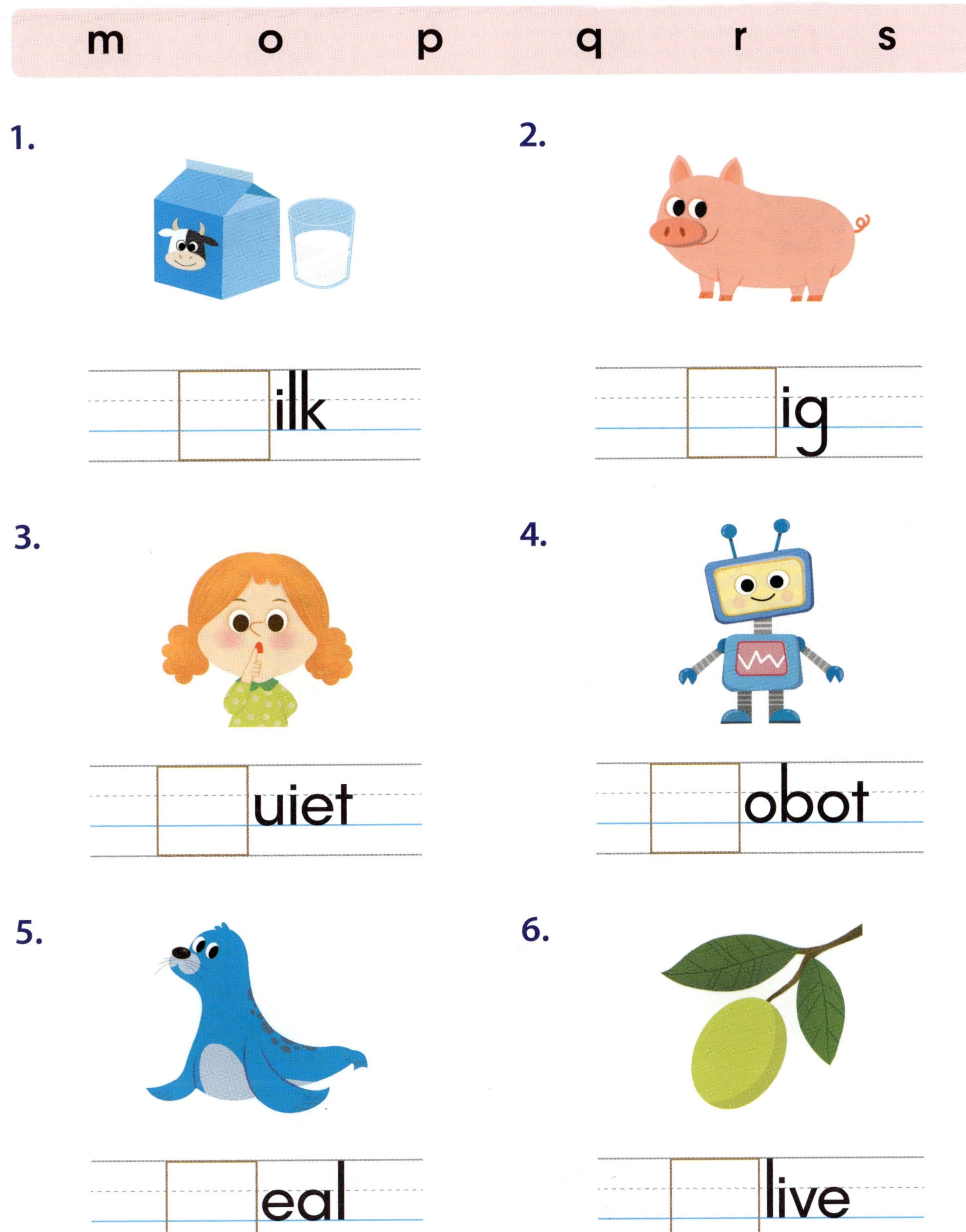

1. ☐ilk

2. ☐ig

3. ☐uiet

4. ☐obot

5. ☐eal

6. ☐live

실력 쑥쑥 TEST ❷

A 잘 듣고 **첫소리** 글자와 그림에 동그라미 해 보세요.

1. Gg　Ss

2. Dd　Hh

3. Rr　Ww

4. Uu　Yy

5. Nn　Zz

6. Kk　Ff

B 잘 듣고 첫소리 또는 끝소리 글자와 그림을 연결해 보세요.

1.
 B    t   

2.
 E   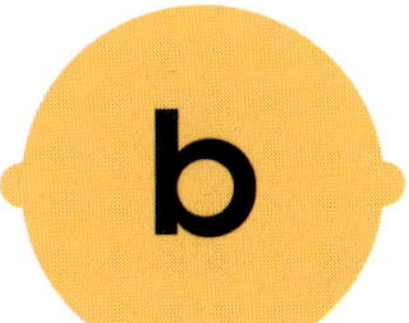 b   

3.
 T    c   

4.
 X   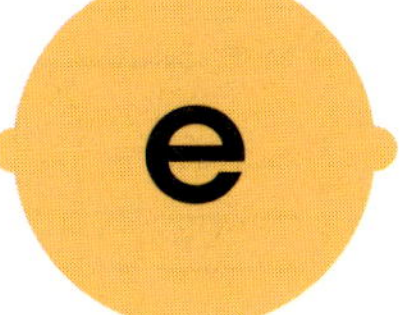 e   

5.
 C    x   

실력 쑥쑥 TEST ❷

C **첫소리** 글자와 그림, 단어를 연결하고 읽어 보세요.

1.

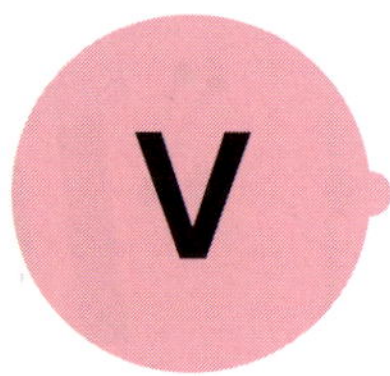  kite

2.

  van

3.

  tent

4.

  igloo

5.

  quiz

D 빈칸에 알맞은 첫소리 글자를 찾아 쓰고, 단어를 읽어 보세요.

t u v w y z

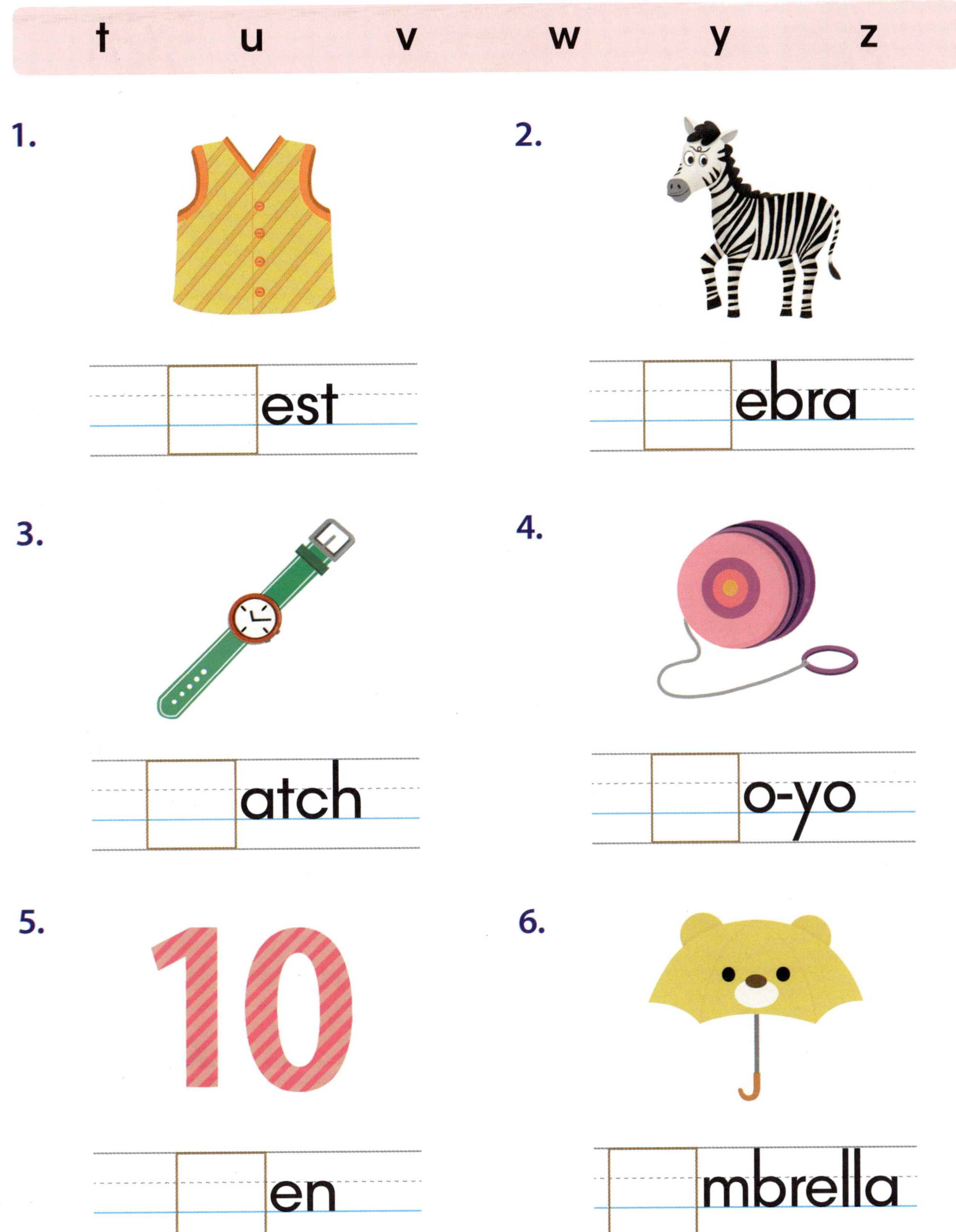

1. est

2. ebra

3. atch

4. o-yo

5. en

6. mbrella

Word List

읽을 수 있는 단어에 ✔표 해 보세요.

1주 1일

 milk ☐	 map ☐	 monkey ☐

1주 2일

 nut ☐	 nine ☐	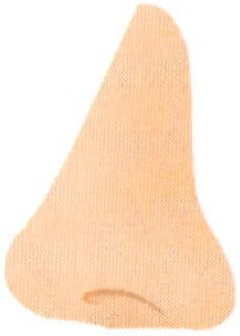 nose ☐

1주 3일

 ox ☐	 olive ☐	 octopus ☐

1주 4일

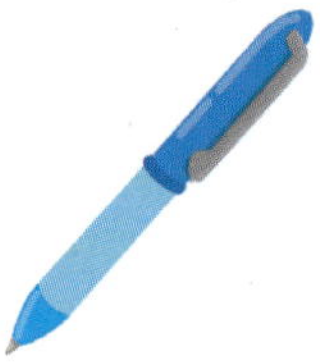 pen ☐	 pig ☐	 pizza ☐

2주 1일

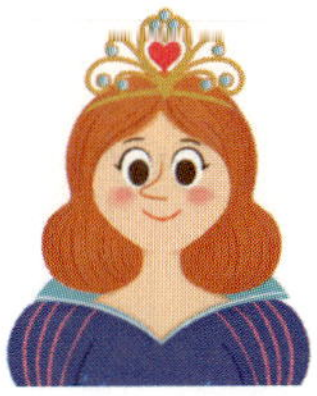

| queen | quiz | quiet |

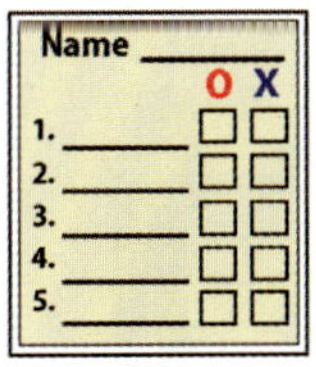

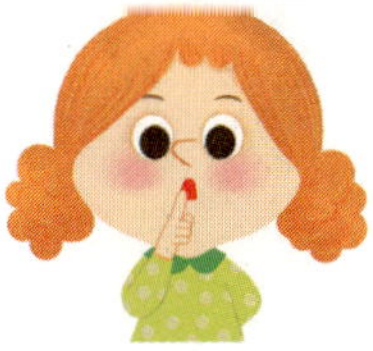

2주 2일

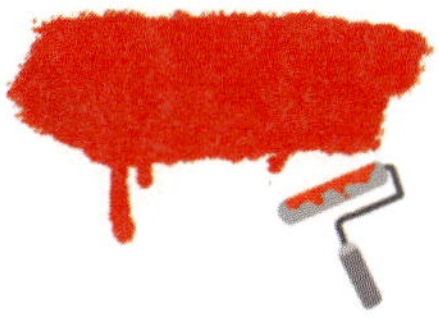

| red | rabbit | robot |

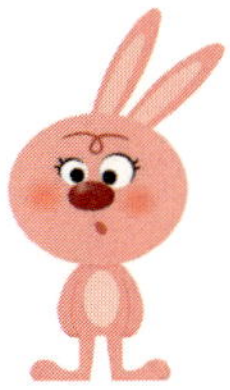

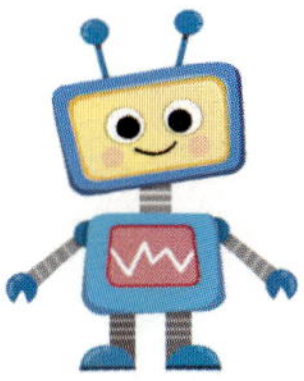

2주 3일

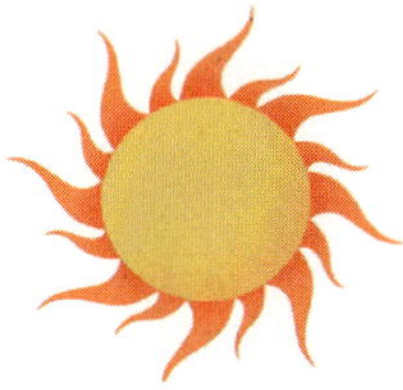

| sun | seal | sand |

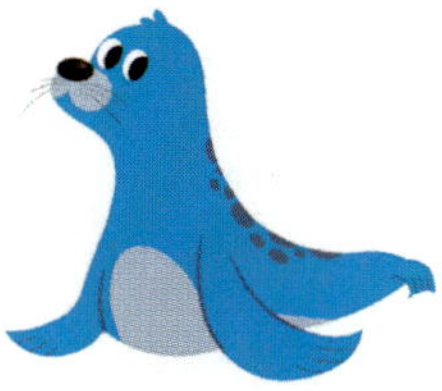

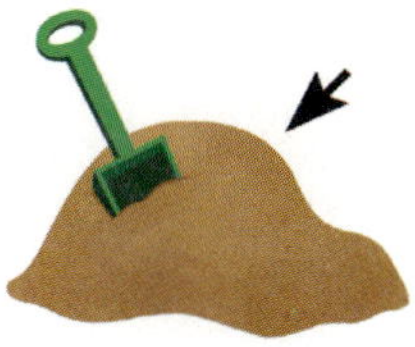

2주 4일

| ten | tent | tiger |

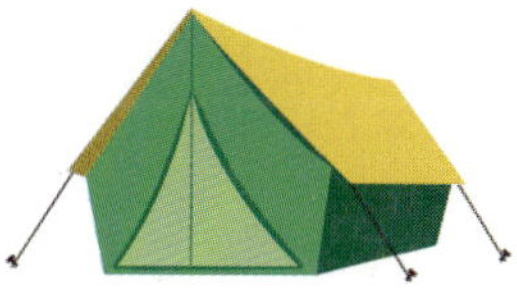

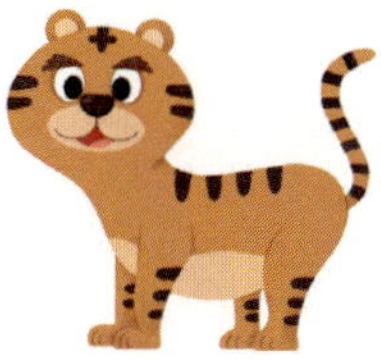

읽을 수 있는 단어에 ✔표 해 보세요.

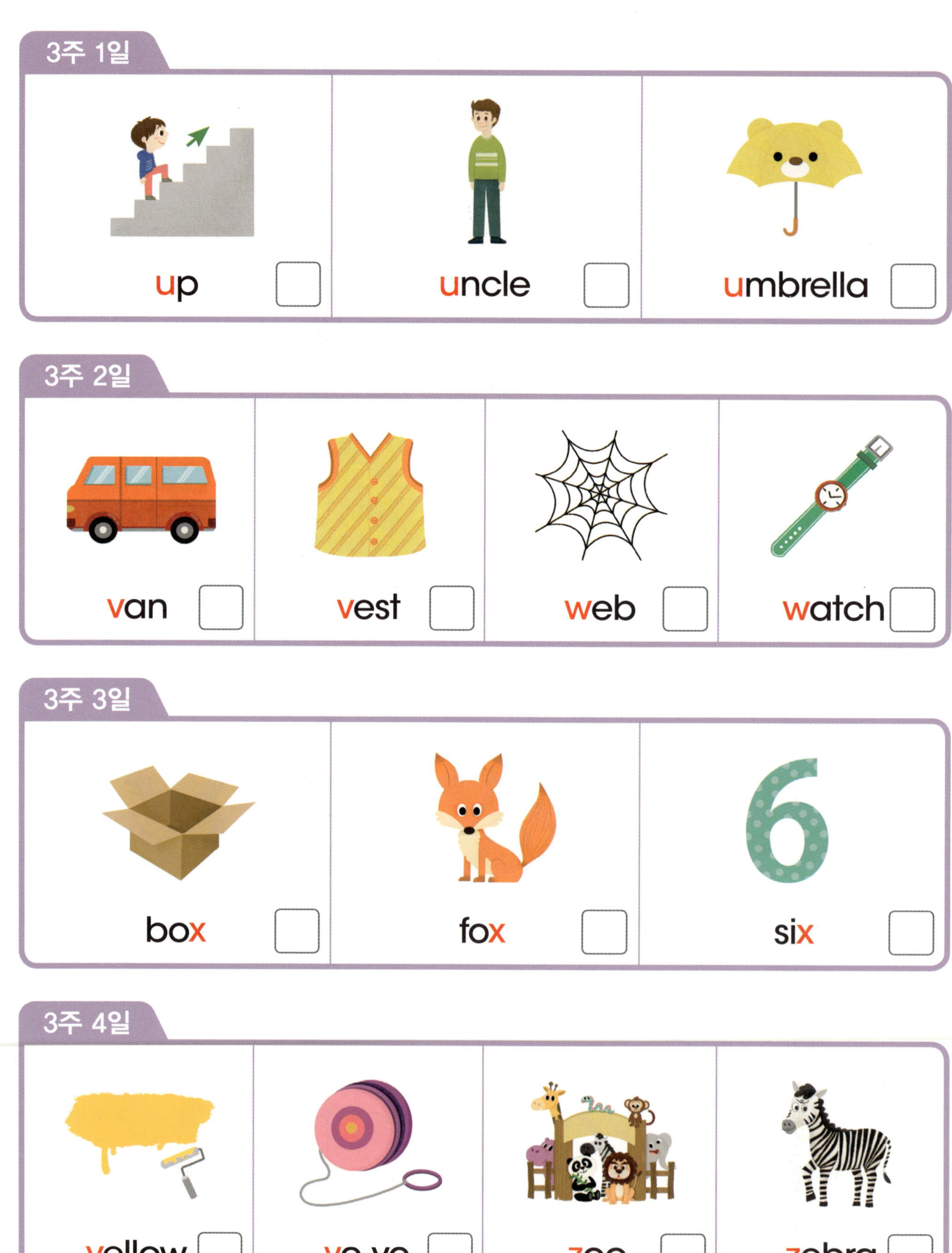

Alphabet

Aa
apple

Bb
ball

Cc
cake

D
d

Hh
house

Ii
igloo
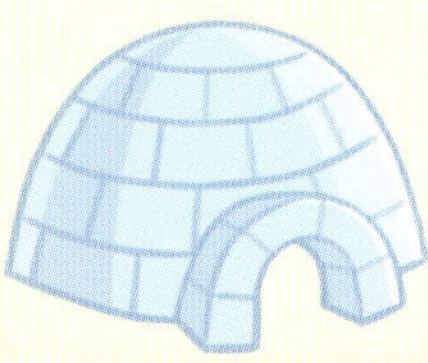

Jj
jam

K
ki

Oo
octopus

Pp
pen
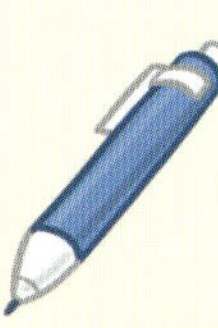

Qq
queen

R
rob

Vv
van

Ww
watch

Xx
fox

Y
yo

짚어가며 '에이 /애/ /애/ apple'과 같이 말해 보세요.

D d doll 	**E e** egg 	**F f** fork 	**G g** game 
K k kite 	**L l** lemon 	**M m** milk 	**N n** nine 
R r robot 	**S s** sun 	**T t** tent 	**U u** umbrella 
Y y yo-yo 			

똑똑한 하루
파닉스 보
START
Aa
Bb
Mm
Ll
Kk
Nn
Oo
Ss
Tt
Uu
Rr
Vv
Ww
Xx

Phonics
보드게임

게임 방법
준비물 게임 주사위, 말
❶ 주사위를 던져서 나온 숫자만큼 말을 이동하세요.
❷ 도착한 칸의 알파벳을 '에이 /애/ /애/'와 같이 말해 보세요.
❸ 바르게 말하지 못하면 한 칸 뒤로 이동하세요.
❹ FINISH에 먼저 도착한 사람이 이깁니다.

Cc
Dd
Ee
Ff
Gg
Hh
Jj
Ii
Pp
한 번 더!
Qq
Zz
Yy
FINISH

가까운 곳에 붙여 놓고 이용하세요.

대문자·소문자 키보드

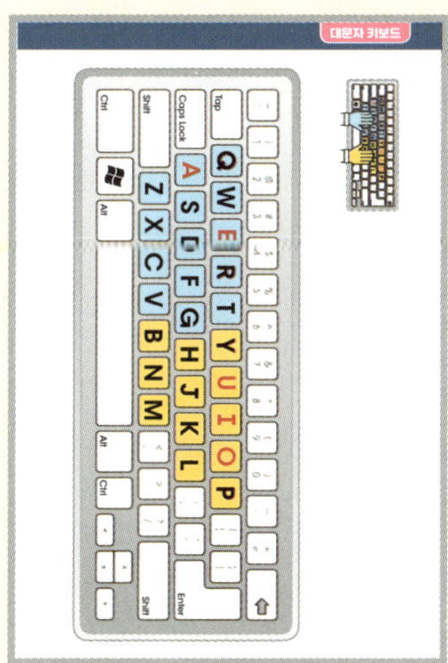

★ **활용 방법 1**

A부터 Z까지 순서대로 이름과 소리를 말하면서 손가락으로 글자를 짚어 보세요.

★ **활용 방법 2**

친구 또는 부모님이 불러 주는 알파벳의 이름을 듣고 글자를 찾아 손가락으로 짚어 보세요.

도전! 단어 읽기

★ **활용 방법**

❶ 그림 아래에 있는 알파벳 글자를 각각 뜯어 내세요.

❷ 그림에 해당하는 알파벳 글자를 찾아 빈칸에 올려 놓고, 단어를 큰 소리로 읽어 보세요.

주사위 놀이판

준비물 게임 주사위, 연필

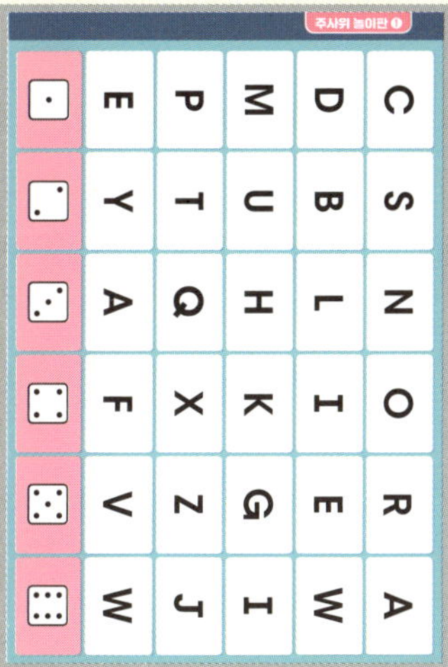

★ **활용 방법 1**

❶ 주사위를 던지고, 칸에 적힌 다섯 개의 알파벳을 '에이 /애//애/'와 같이 이어서 말해 보세요.

❷ 바르게 말한 칸에는 동그라미 하면서 말하기 연습을 해 보세요.

★ **활용 방법 2**

❶ 두 명이 게임을 할 때에는 각자 동그라미나 세모 등 모양을 정하세요.

❷ 주사위를 던지고, 칸에 적힌 다섯 개의 알파벳을 '에이 /애/ /애/'와 같이 이어서 말해 보세요.

❸ 바르게 말하면 각자 정한 모양을 칸마다 그리세요. 더 많은 모양을 그린 사람이 이깁니다.

퍼즐 먹는 상어

준비물] 파닉스 퍼즐

★ 활용 방법

❶ 상어의 가운데 구멍을 뜯어 내고, 빈 각 티슈나 빈 그릇 위에 상어 그림을 올려 놓으세요.

❷ 친구 또는 부모님이 불러 주는 알파벳을 듣고, 해당하는 글자와 그림 퍼즐 조각을 찾아 보세요.

❸ 찾은 조각이 M이면 '엠 /ㅁ/ /ㅁ/'라고 말하고, 원숭이면 '/ㅁ/ /ㅁ/ monkey'와 같이 말하면서 상어의 입 안에 퍼즐 조각을 넣으세요.

❹ 두 명이 함께 게임을 할 때에는 바르게 말하면 1점을 얻고, 게임이 끝날 때 점수가 더 높은 사람이 이깁니다.

스쿨버스 · 트럭 퍼즐판

준비물] 파닉스 퍼즐

★ 활용 방법

❶ 친구 또는 부모님이 불러 주는 알파벳을 듣고, 해당하는 글자와 그림 퍼즐 조각을 찾아 보세요.

❷ '대문자–소문자–그림'의 순서로 퍼즐판에 올려 놓으세요.

❸ 알파벳 m이라면 '/ㅁ/ /ㅁ/ monkey'와 같이 말해 보세요.

❹ 두 명이 게임을 할 때에는 바르게 말하면 3점을 얻고, 게임이 끝날 때 점수가 더 높은 사람이 이깁니다.

• 트럭 퍼즐판에는 '대문자와 소문자' 또는 '글자와 그림' 퍼즐 조각을 올려 놓으세요.

파닉스 퍼즐

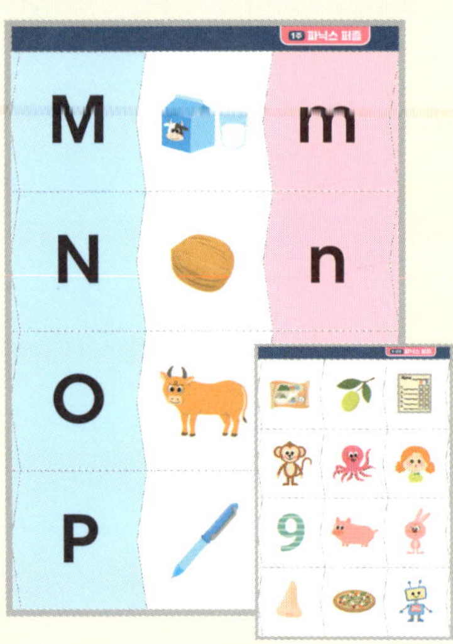

★ 활용 방법 1: 알파벳 놀이

• 짝이 되는 알파벳 대문자와 소문자를 찾아 퍼즐을 맞추고, 이름을 말해 보세요.

• M~Z까지 알파벳 대문자끼리 또는 소문자끼리 순서대로 퍼즐을 맞추고, 이름을 말해 보세요.

★ 활용 방법 2: 파닉스 놀이

• 짝이 되는 알파벳 대문자와 소문자, 첫소리가 같은 그림을 찾아 퍼즐을 맞춰 보세요. 퍼즐을 손가락으로 짚으면서 '/ㅁ/ /ㅁ/ milk'와 같이 말해 보세요.

• M~Z까지 첫소리가 같은 그림끼리 순서대로 퍼즐을 맞춰 보세요. 퍼즐을 손가락으로 짚으면서 단어를 말해 보세요.

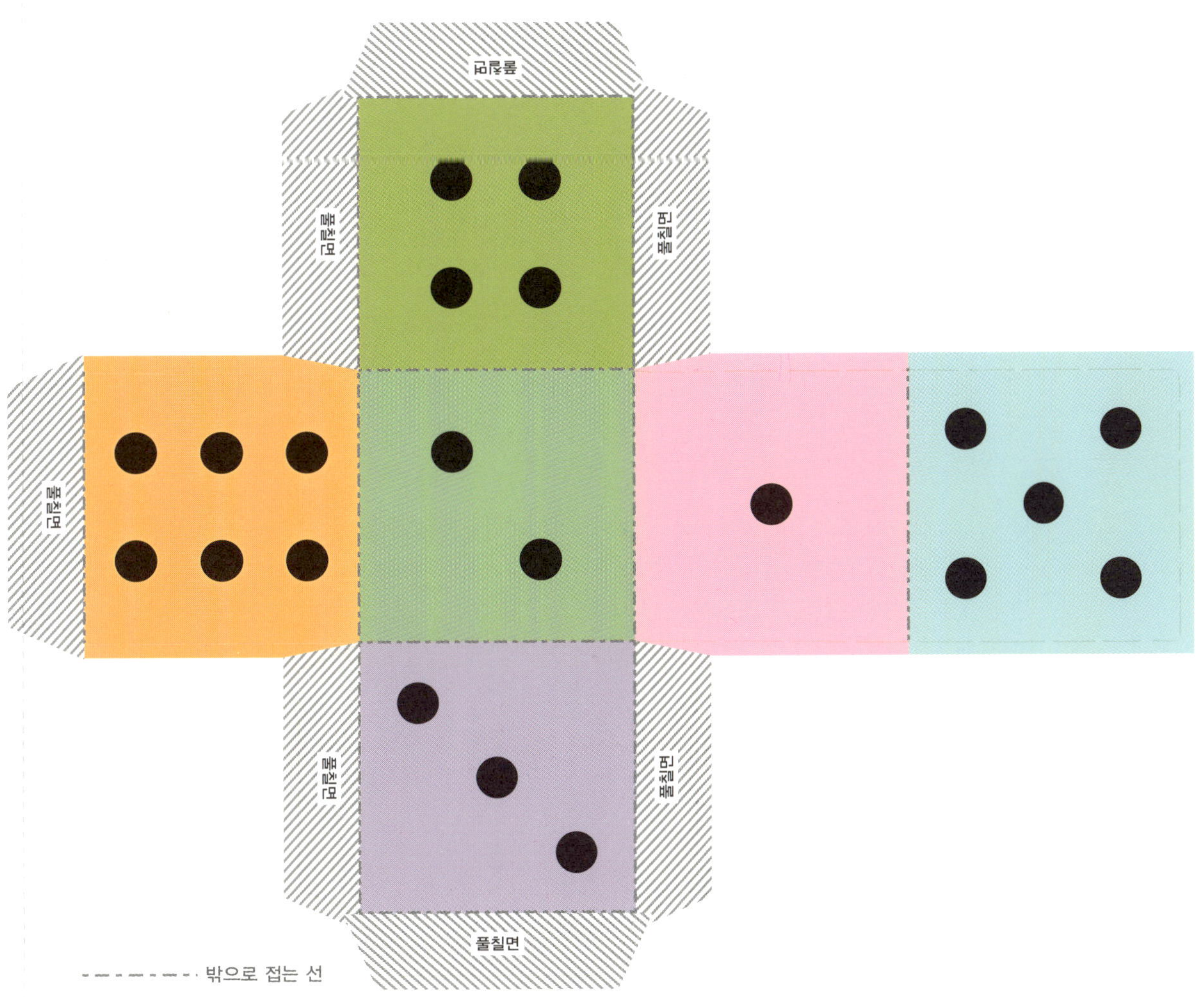

------------ 밖으로 접는 선

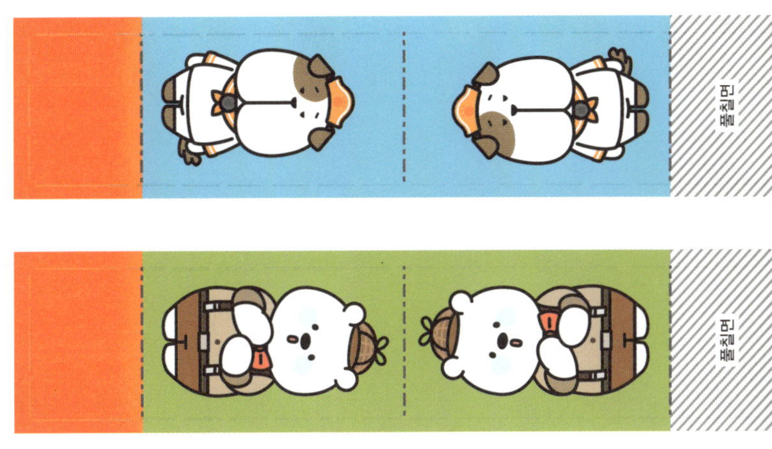

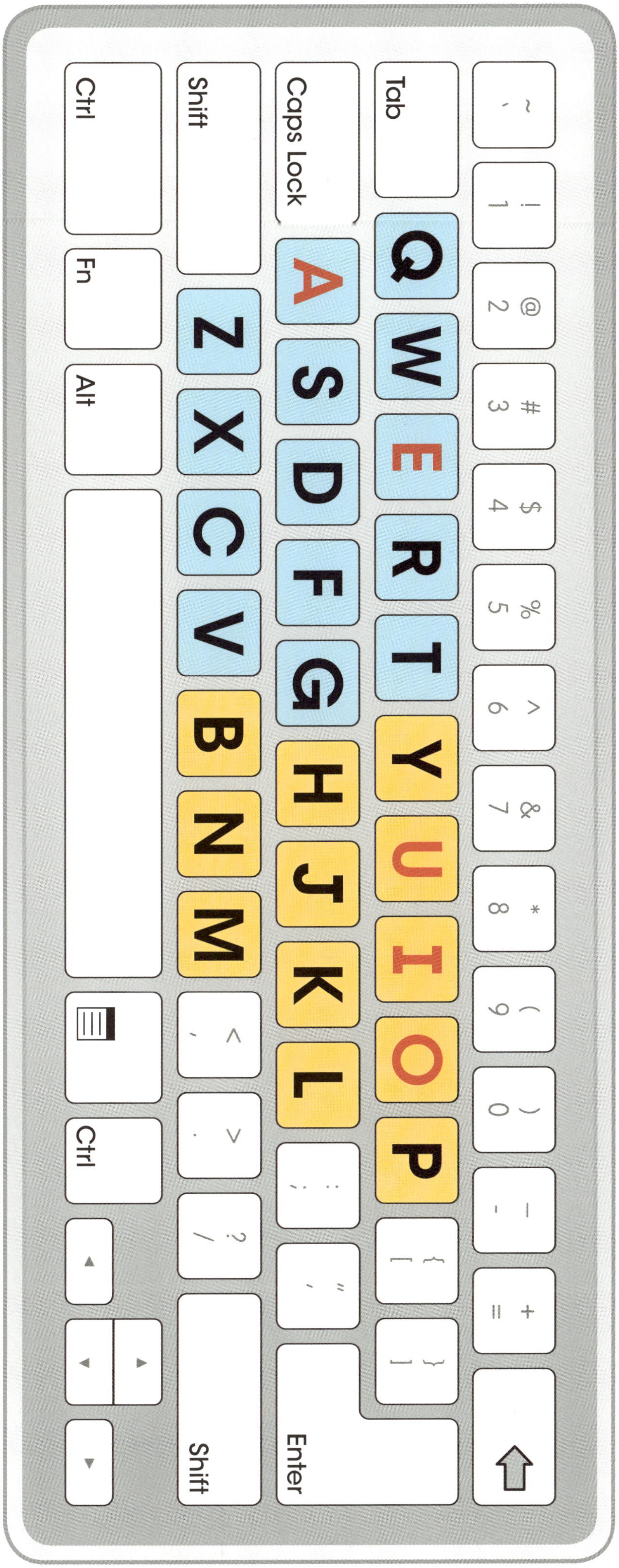

~ `
! 1
@ 2
# 3
$ 4
% 5
^ 6
& 7
* 8
(9
) 0
_ -
+ =
Tab
Q W E R T Y U I O P
{ [
}]
Caps Lock
A S D F G H J K L
: ;
" '
Enter
Shift
Z X C V B N M
< ,
> .
? /
Shift
Ctrl
Fn
Alt
Ctrl

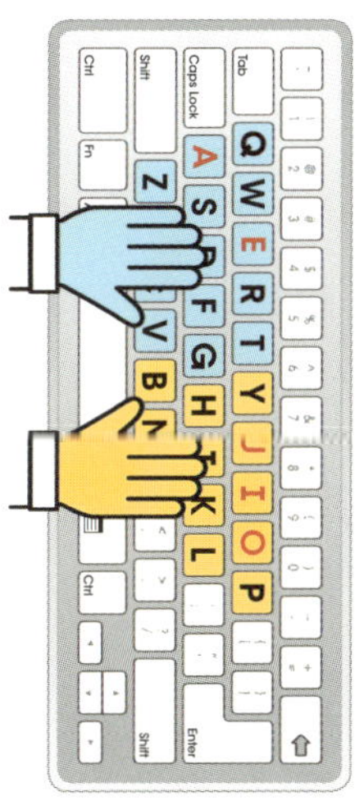

소문자 키보드

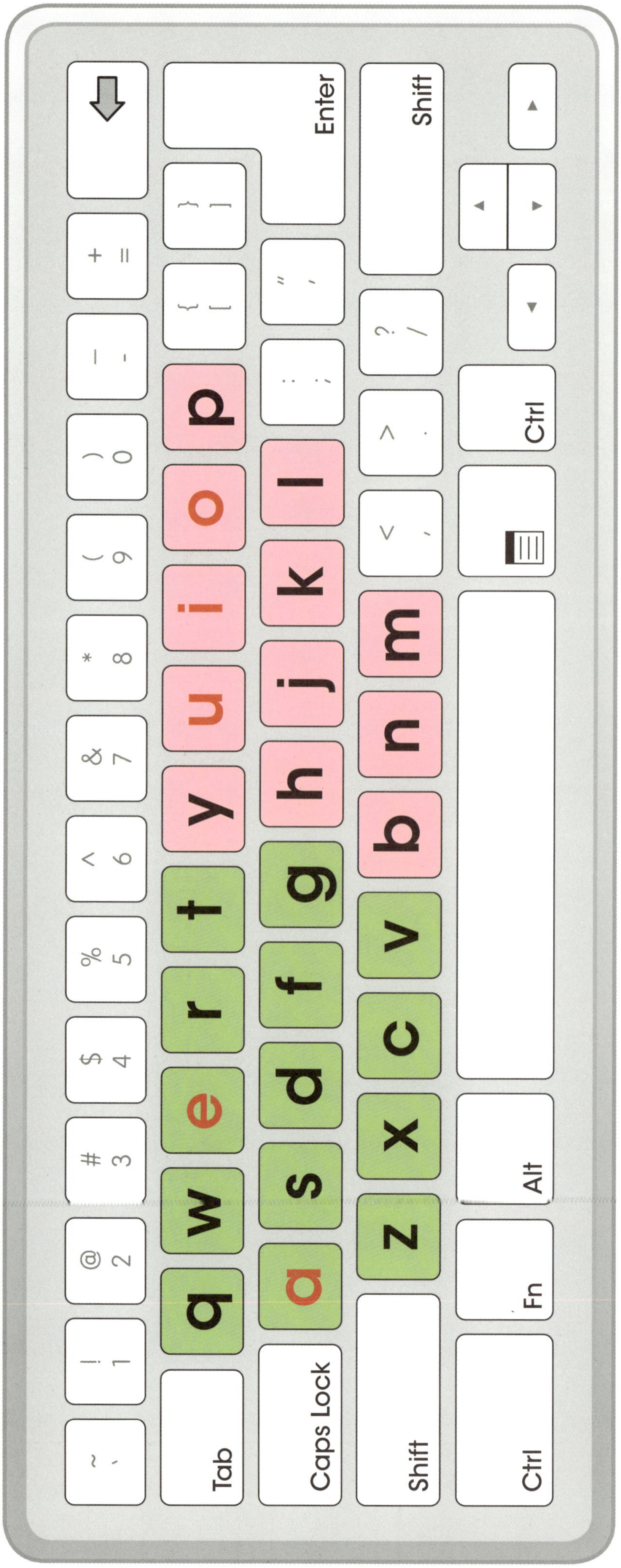

q w e r t y u i o p
a s d f g h j k l
z x c v b n m
Tab
Caps Lock
Shift
Ctrl
Fn
Alt
Enter

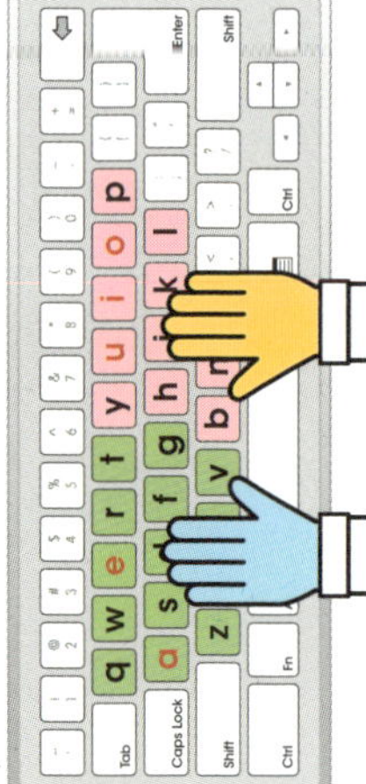

A V T I U O Q F R

S M A S O I M P Q

C S N O R A
D B L I E W
M U H K G I
P T Q X Z J
E Y A F V W

i	w	a	u	j	⚃
g	e	r	v	z	⚄
k	i	o	f	x	⚃
h	l	n	a	q	⚂
u	b	s	y	t	⚁
m	d	c	e	p	⚀

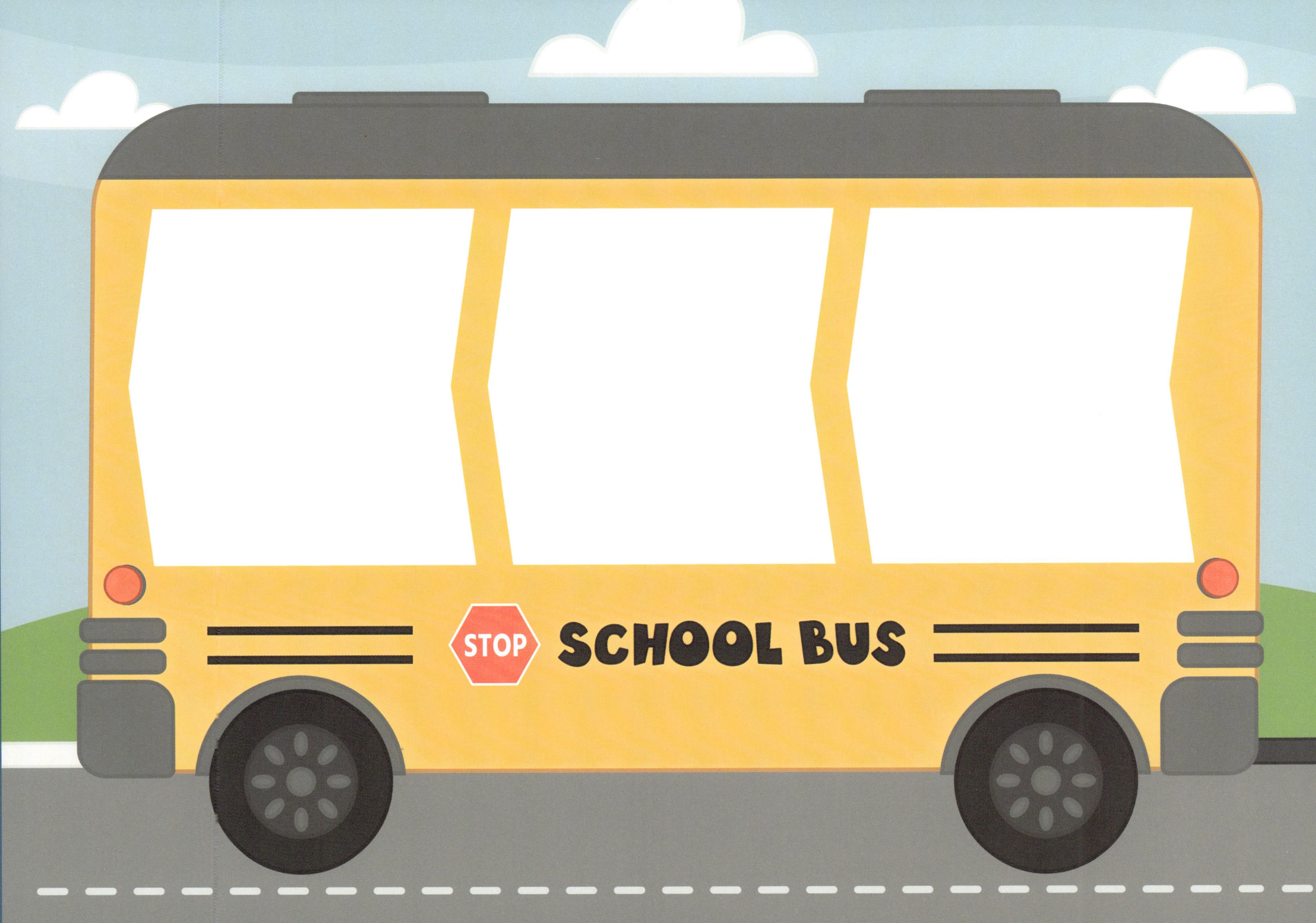
STOP
SCHOOL BUS

M

m

N

n

O

o

P

p

m

milk

M

n

nut

N

o

ox

O

p

pen

P

Q		q
R		r
S		s
T		t

q

queen

Q

r

red

R

s

sun

S

t

ten

T

U

u

V

V

W

W

X

X

u		U
	 up	
v	 van	V
W	 web	W
X	 box	X

Y

y

Z

z

y

z

yellow

zoo

Y

Z

Name ______

	O	X
1. ______		
2. ______		
3. ______		
4. ______		
5. ______		

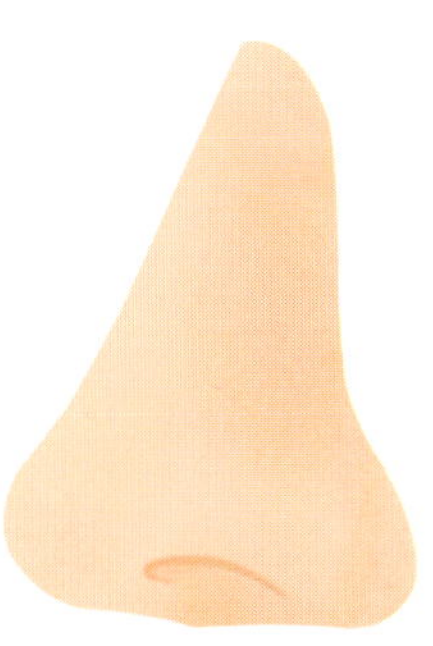

map

olive

quiz

monkey

octopus

quiet

nine

pig

rabbit

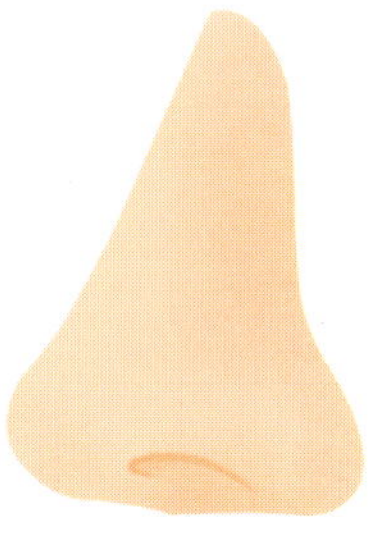

nose

pizza

robot

seal

uncle

fox

sand

umbrella

six

tent

vest

yo-yo

tiger

watch

zebra

1주 1일 10~11쪽

1주 1일 12쪽

1주 2일 16쪽

1주 3일 20쪽

1주 3일 23쪽

1주 4일 24쪽

1주 5일 30~31쪽

1주 미션 스티커

2주 1일 42~43쪽

2주 1일 44쪽

2주 2일 48쪽

2주 2일 51쪽

2주 3일 52쪽

2주 4일 56쪽

2주 5일 62~63쪽

2주 미션 스티커

3주 1일 74~75쪽

3주 1일 76쪽

3주 2일 80쪽

3주 3일 84쪽

3주 4일 88쪽

3주 4일 91쪽

  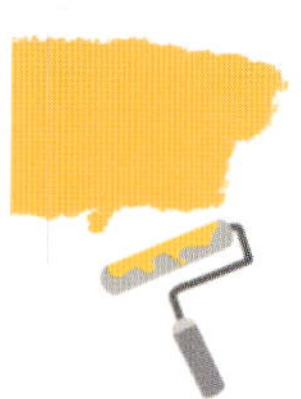 

3주 5일 94~95쪽

복습 104~105쪽

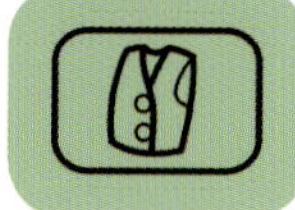     

3주 미션 스티커

나보다 시작이 나은 선수들이 있겠지만,
나는 끝이 강한 선수다.

There are better starters than me but I'm a strong finisher.

우사인 볼트 Usain Bolt · 자메이카의 육상 선수

뭘 좋아할지 몰라 다 준비했어♥
전과목 교재

전과목 시리즈 교재

●무등생 해법시리즈
– 국어/수학   1~6학년, 학기용
– 사회/과학   3~6학년, 학기용
– SET(전과목/국수, 국사과)   1~6학년, 학기용

●똑똑한 하루 시리즈
– 똑똑한 하루 독해   예비초~6학년, 총 14권
– 똑똑한 하루 글쓰기   예비초~6학년, 총 14권
– 똑똑한 하루 어휘   예비초~6학년, 총 14권
– 똑똑한 하루 한자   예비초~6학년, 총 14권
– 똑똑한 하루 수학   1~6학년, 총 12권
– 똑똑한 하루 계산   예비초~6학년, 총 14권
– 똑똑한 하루 도형   예비초~6학년, 총 8권
– 똑똑한 하루 Voca   3~6학년, 학기용
– 똑똑한 하루 Reading   초3~초6, 학기용
– 똑똑한 하루 Grammar   초3~초6, 학기용
– 똑똑한 하루 Phonics   예비초~초등, 총 8권

●독해가 힘이다 시리즈
– 초등 수학도 독해가 힘이다   1~6학년, 학기용
– 초등 문해력 독해가 힘이다 문장제수학편   1~6학년, 총 12권
– 초등 문해력 독해가 힘이다 비문학편   3~6학년, 총 8권

영어 교재

●초등영어 교과서 시리즈
파닉스(1~4단계)   3~6학년, 학년용
영단어(1~4단계)   3~6학년, 학년용
●LOOK BOOK 영단어   3~6학년, 단행본
●원서 읽는 LOOK BOOK 영단어   3~6학년, 단행본

국가수준 시험 대비 교재

●해법 기초학력 진단평가 문제집   2~6학년·중1 신입생, 총 6권

똑 똑 한

하루
Phonics

매일매일
쌓이는
영어 기초력

정답

Starter B

천재교육

book.chunjae.co.kr

1주
미리보기

1주 이번 주에는 무엇을 배울까? ❷

▶정답 1쪽

알파벳의 이름을 말해 보고, 스티커를 붙여 보세요.

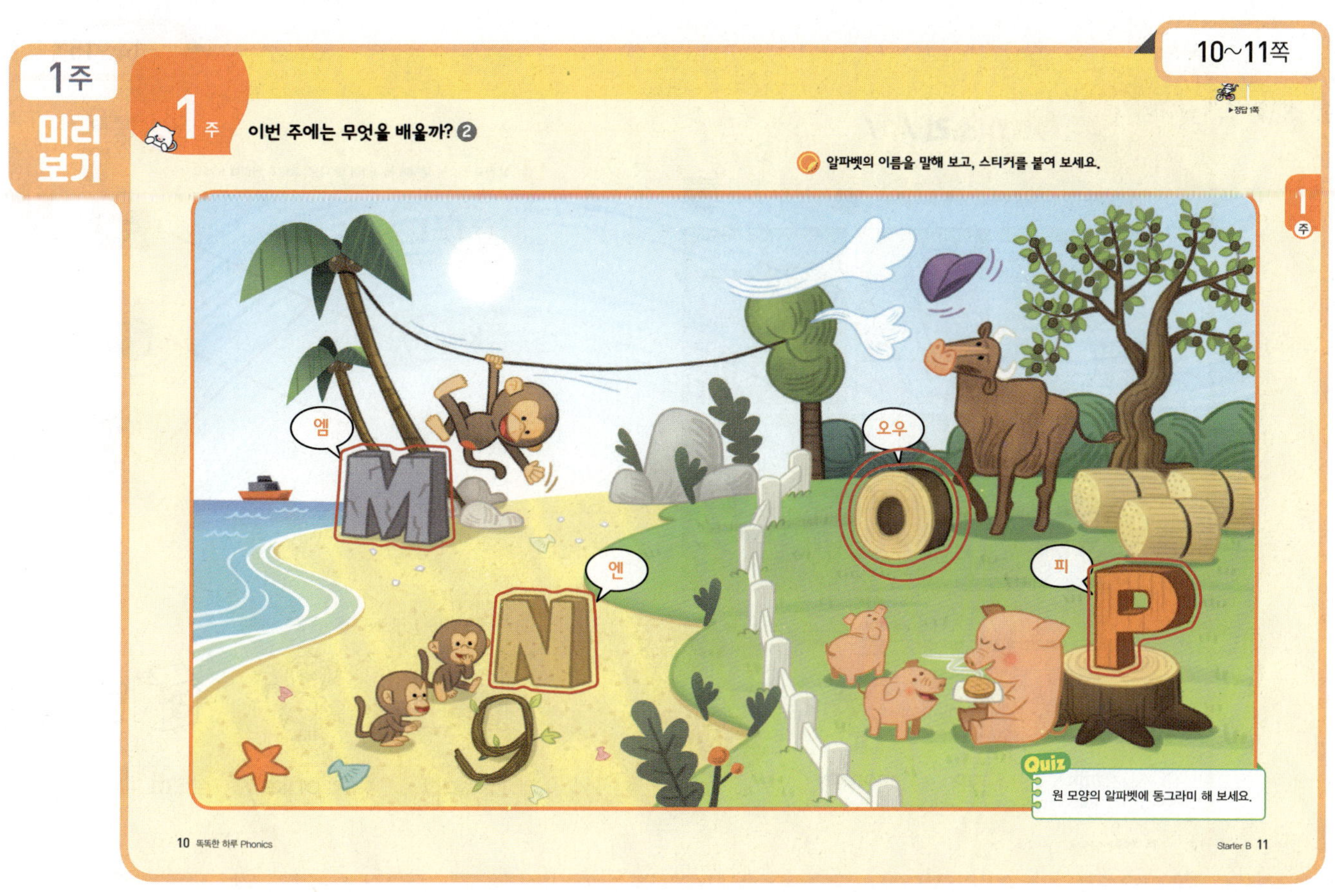

1주
1일

1일 PHONICS **Mm** 이름 '엠'

공부한 날   월   일

▶정답 1쪽

알파벳 스티커를 붙이고, 숨어 있는 M과 m을 찾아 동그라미 해 보세요.

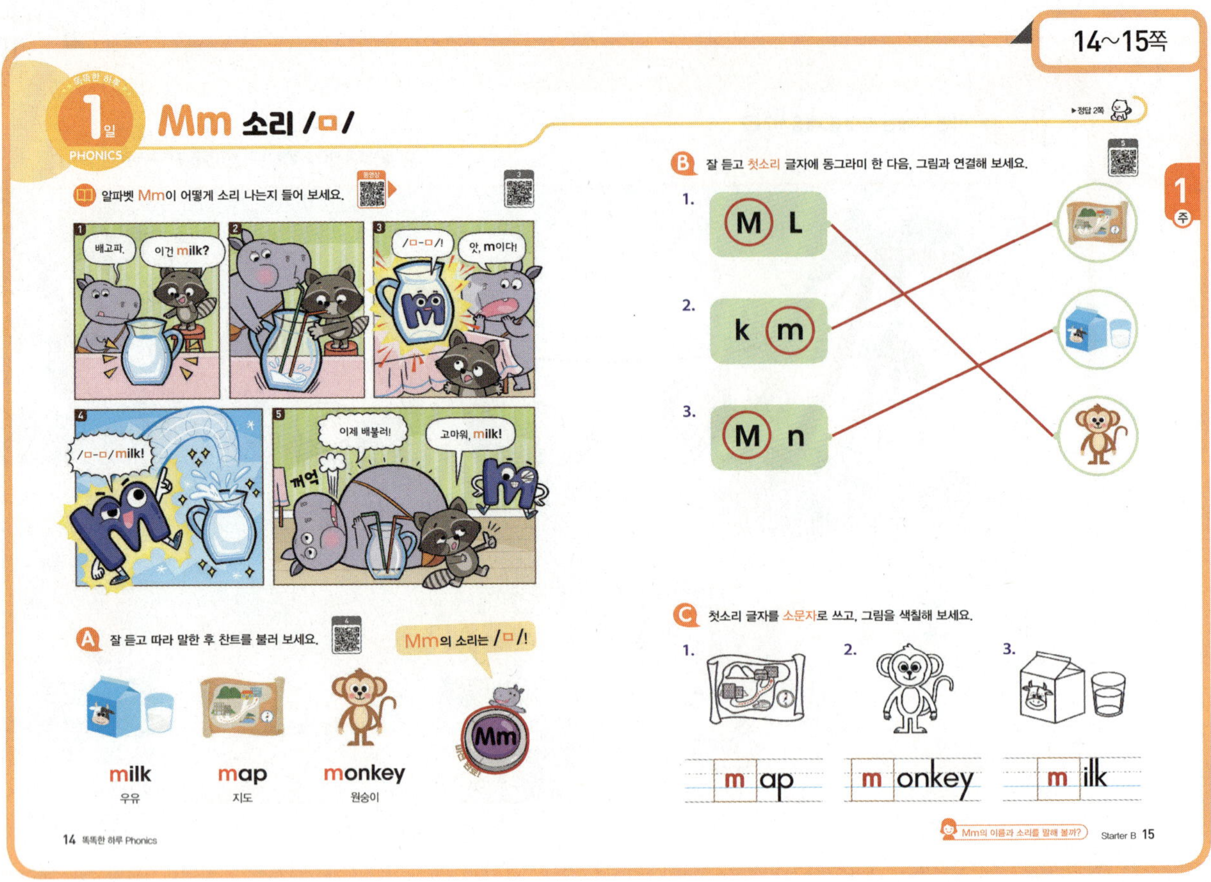

14~15쪽

1일 PHONICS

Mm 소리 /ㅁ/

알파벳 Mm이 어떻게 소리 나는지 들어 보세요.

배고파.
이건 milk?
/ㅁ-ㅁ/! 앗, m이다!
/ㅁ-ㅁ/milk!
이제 배불러!
고마워, milk!
꺼억

A 잘 듣고 따라 말한 후 찬트를 불러 보세요.

Mm의 소리는 /ㅁ/!

milk
우유

map
지도

monkey
원숭이

B 잘 듣고 첫소리 글자에 동그라미 한 다음, 그림과 연결해 보세요.

1. M L
2. k m
3. M n

C 첫소리 글자를 소문자로 쓰고, 그림을 색칠해 보세요.

1. m ap
2. m onkey
3. m ilk

Mm의 이름과 소리를 말해 볼까?

14 똑똑한 하루 Phonics

Starter B 15

16~17쪽

1주 2일

2일 PHONICS

Nn 이름 '엔'

공부한 날 월 일

알파벳 스티커를 붙이고, 그림 속 Nn을 모두 찾아 동그라미 해 보세요.

N·n

Jj Nn Kk Nn
Nn Nn Nn Ll
Nn Ii Nn Nn
엔
Mm Nn

Nn 9 개

엔

Nn
대문자 소문자

N

A 잘 듣고 알파벳 Nn의 이름을 말하면서 순서에 맞게 써 보세요.

N N N   n n n
N N N   n n n

B 색깔이 같은 대문자 N과 소문자 n을 짝이 되게 연결해 보세요.

N K N m j
J N K n
M b n

16 똑똑한 하루 Phonics

Starter B 17

2일 PHONICS — Nn 소리 / ㄴ /

▶정답 3쪽

□ 알파벳 Nn이 어떻게 소리 나는지 들어 보세요.

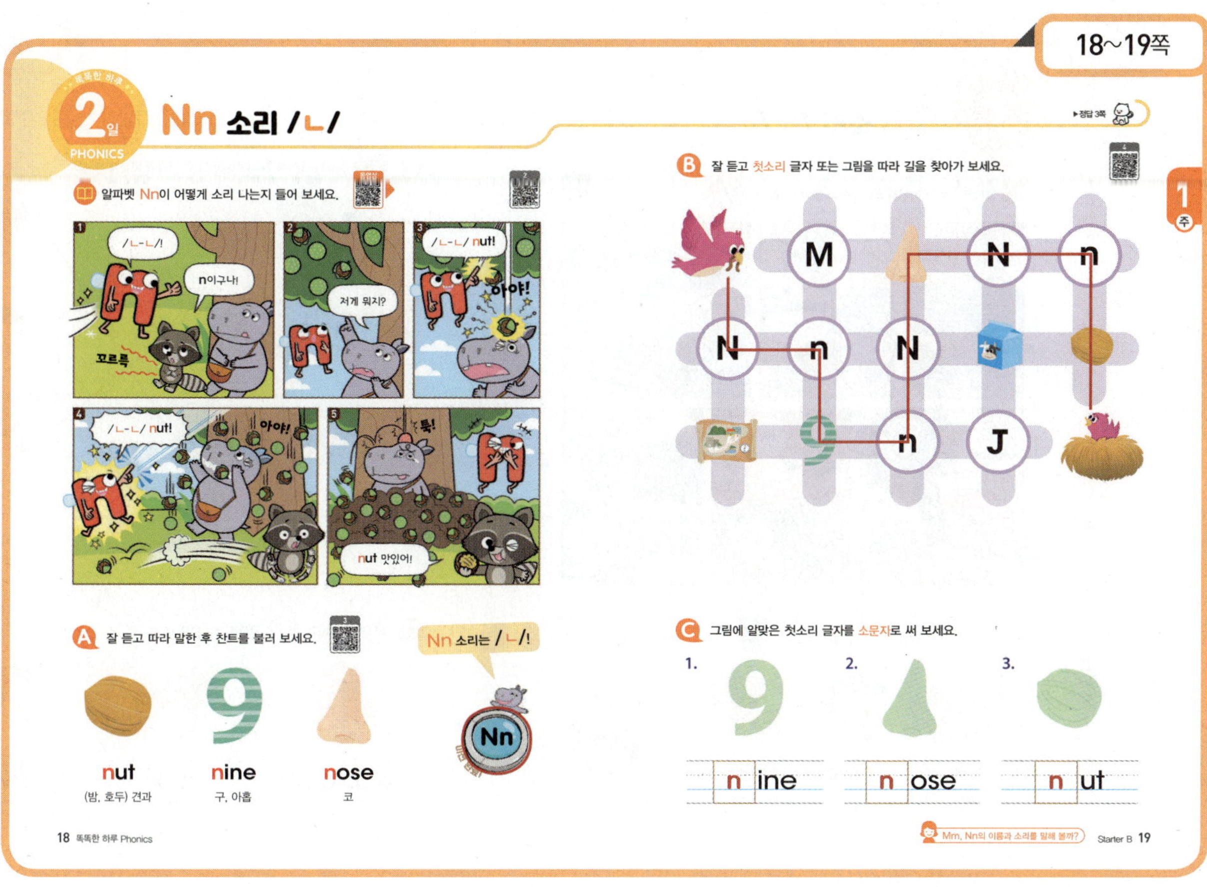

A 잘 듣고 따라 말한 후 챈트를 불러 보세요.

Nn 소리는 / ㄴ /!

nut (밤, 호두) 견과

nine 구, 아홉

nose 코

B 잘 듣고 첫소리 글자 또는 그림을 따라 길을 찾아가 보세요.

1주

C 그림에 알맞은 첫소리 글자를 소문지로 써 보세요.

1. | n | ine |

2. | n | ose |

3. | n | ut |

Mm, Nn의 이름과 소리를 말해 볼까?

1주 3일

3일 PHONICS — Oo 이름 '오우'

공부한 날   월   일

▶정답 3쪽

알파벳 스티커를 붙이고, Oo를 찾아 길을 따라가 보세요.

O o

오우

O o
대문자   소문자

A 잘 듣고 알파벳 Oo의 이름을 말하면서 순서에 맞게 써 보세요.

B 대문자 O와 소문자 o를 찾아 모두 색칠하고, 이름을 말해 보세요.

O	M	n	o	K
N	o	m	j	O

1주

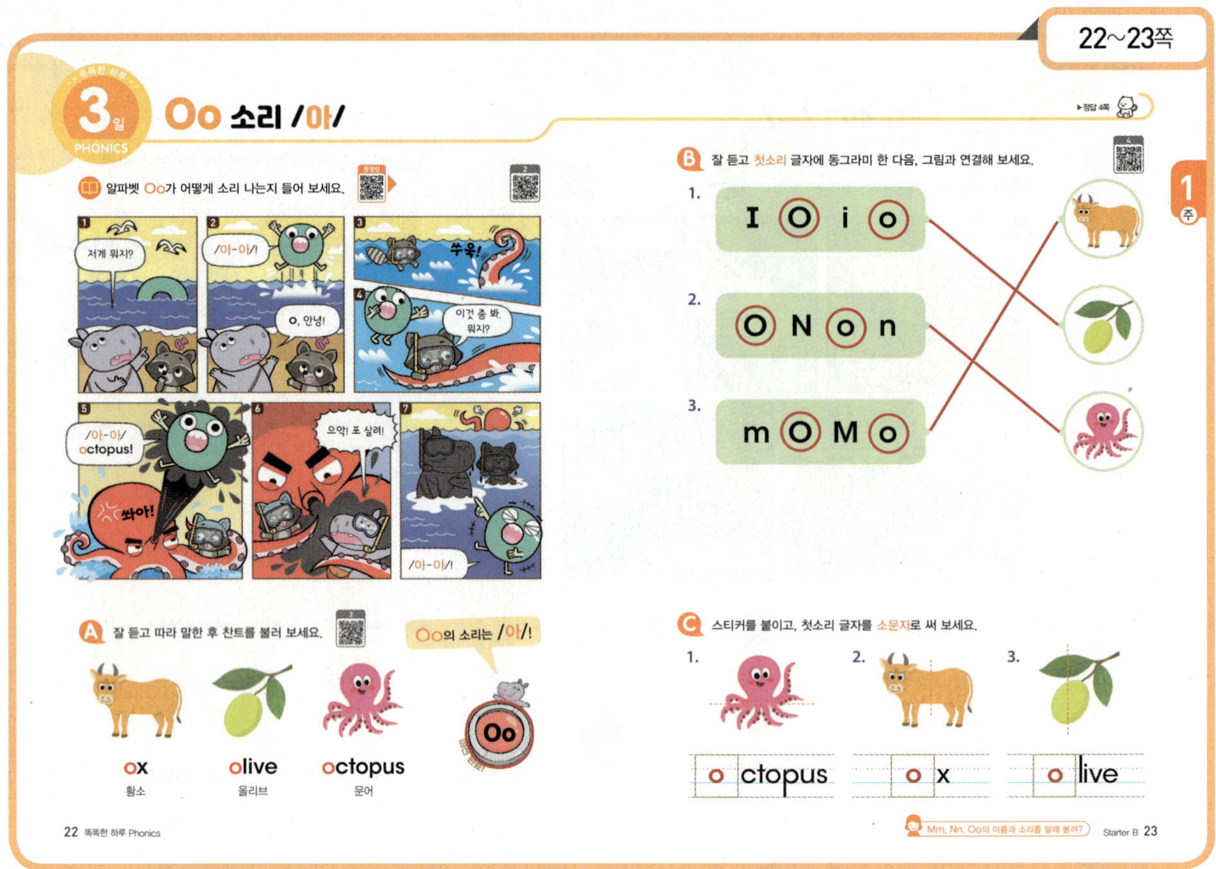

22~23쪽
3일 PHONICS
Oo 소리 /아/
▶정답 4쪽
알파벳 Oo가 어떻게 소리 나는지 들어 보세요.
저게 뭐지?
/아-아/
O, 안녕!
뿌우!
이건 좀 봐, 뭐지?
/아-아/ octopus!
으악! 포 살려!
쏴아!
/아-아!
A 잘 듣고 따라 말한 후 챈트를 불러 보세요.
Oo의 소리는 /아/!
ox 황소
olive 올리브
octopus 문어
Oo
B 잘 듣고 첫소리 글자에 동그라미 한 다음, 그림과 연결해 보세요.
1
주
1. I O i o
2. O N n
3. m O M O
C 스티커를 붙이고, 첫소리 글자를 소문자로 써 보세요.
1.
2.
3.
o ctopus
o x
o live
Mm, Nn, Oo의 이름과 소리를 말해 볼까?
22 똑똑한 하루 Phonics
Starter B 23

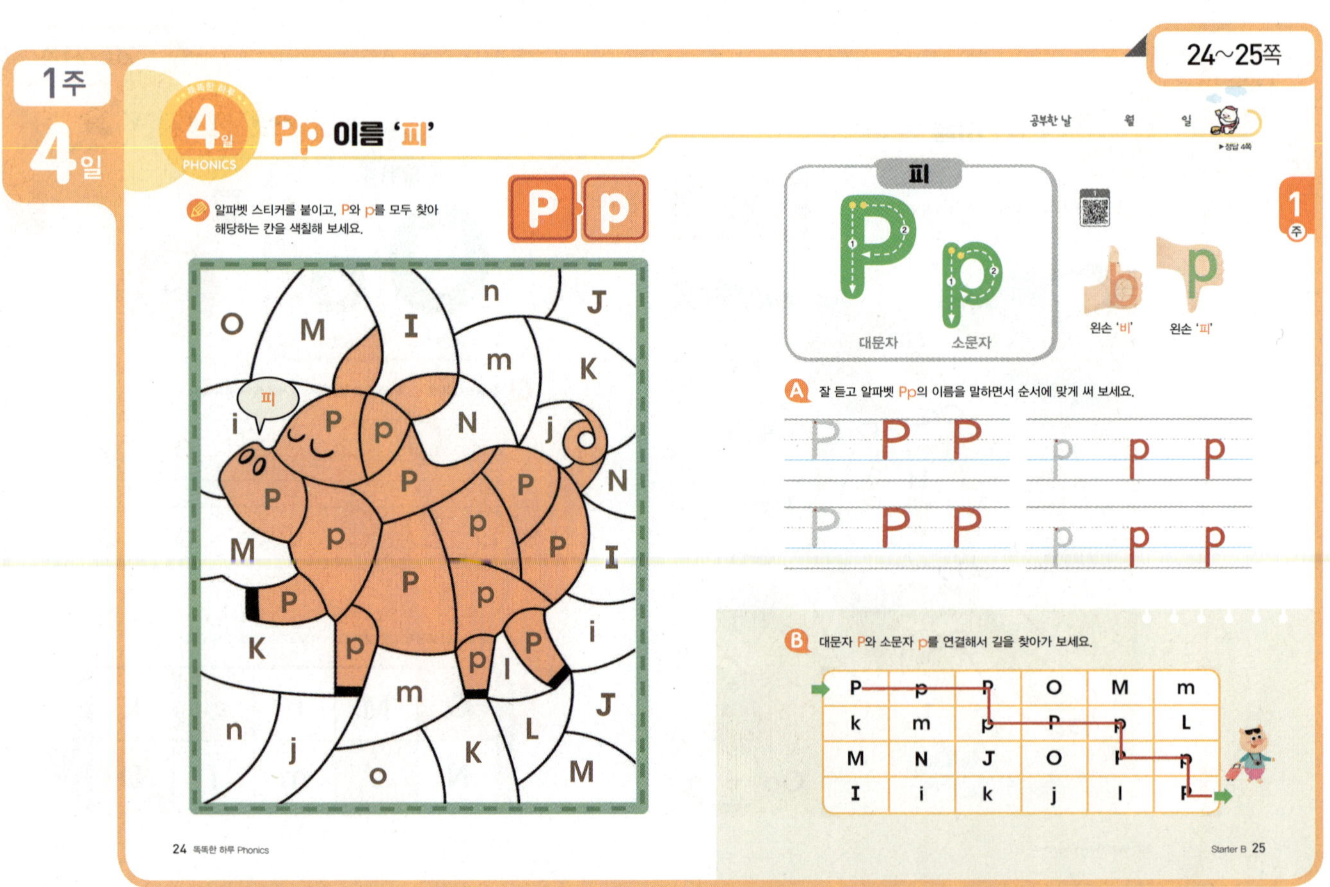

24~25쪽
1주 4일
4일 PHONICS
Pp 이름 '피'
공부한 날   월   일
▶정답 4쪽
P p
알파벳 스티커를 붙이고, P와 p를 모두 찾아 해당하는 칸을 색칠해 보세요.
피
P p
대문자   소문자
왼손 '비'   왼손 '피'
1주
피
A 잘 듣고 알파벳 Pp의 이름을 말하면서 순서에 맞게 써 보세요.
P P P   P P P
P P P   P P P
B 대문자 P와 소문자 p를 연결해서 길을 찾아가 보세요.
P p P O M m
k m p P p L
M N J O p L
I i k j l P
24 똑똑한 하루 Phonics
Starter B 25

4일 PHONICS · Pp 소리 /ㅍ/

▶ 정답 5쪽

나 알파벳 Pp가 어떻게 소리 나는지 들어 보세요.

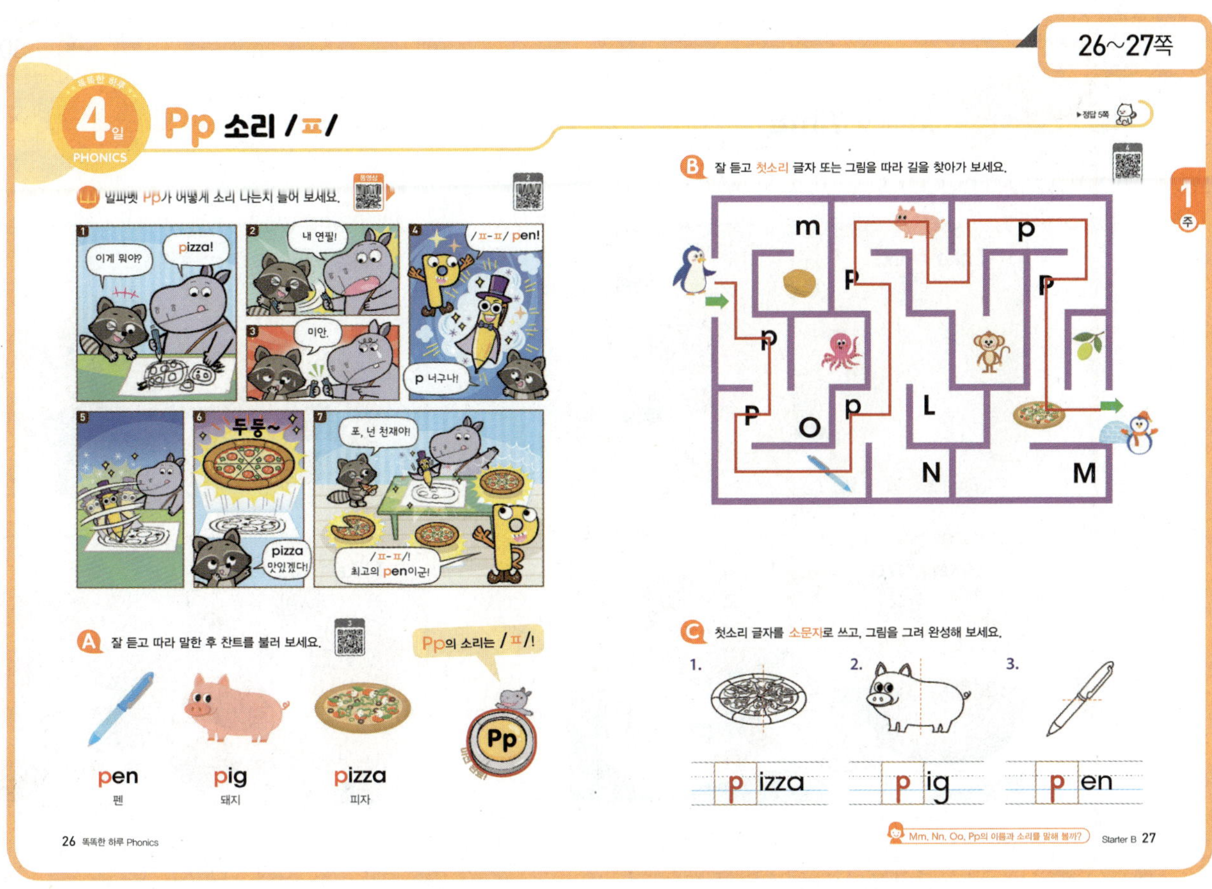

A 잘 듣고 따라 말한 후 찬트를 불러 보세요.

Pp의 소리는 /ㅍ/!

pen
펜

pig
돼지

pizza
피자

B 잘 듣고 첫소리 글자 또는 그림을 따라 길을 찾아가 보세요.

C 첫소리 글자를 소문자로 쓰고, 그림을 그려 완성해 보세요.

1. p izza
2. p ig
3. p en

Mm, Nn, Oo, Pp의 이름과 소리를 말해 볼까?

1주 복습

5일 Review · Mm~Pp 복습

공부한 날　　월　　일

▶ 정답 5쪽

A 알파벳 순서대로 길을 따라가며 선을 그어 보세요.

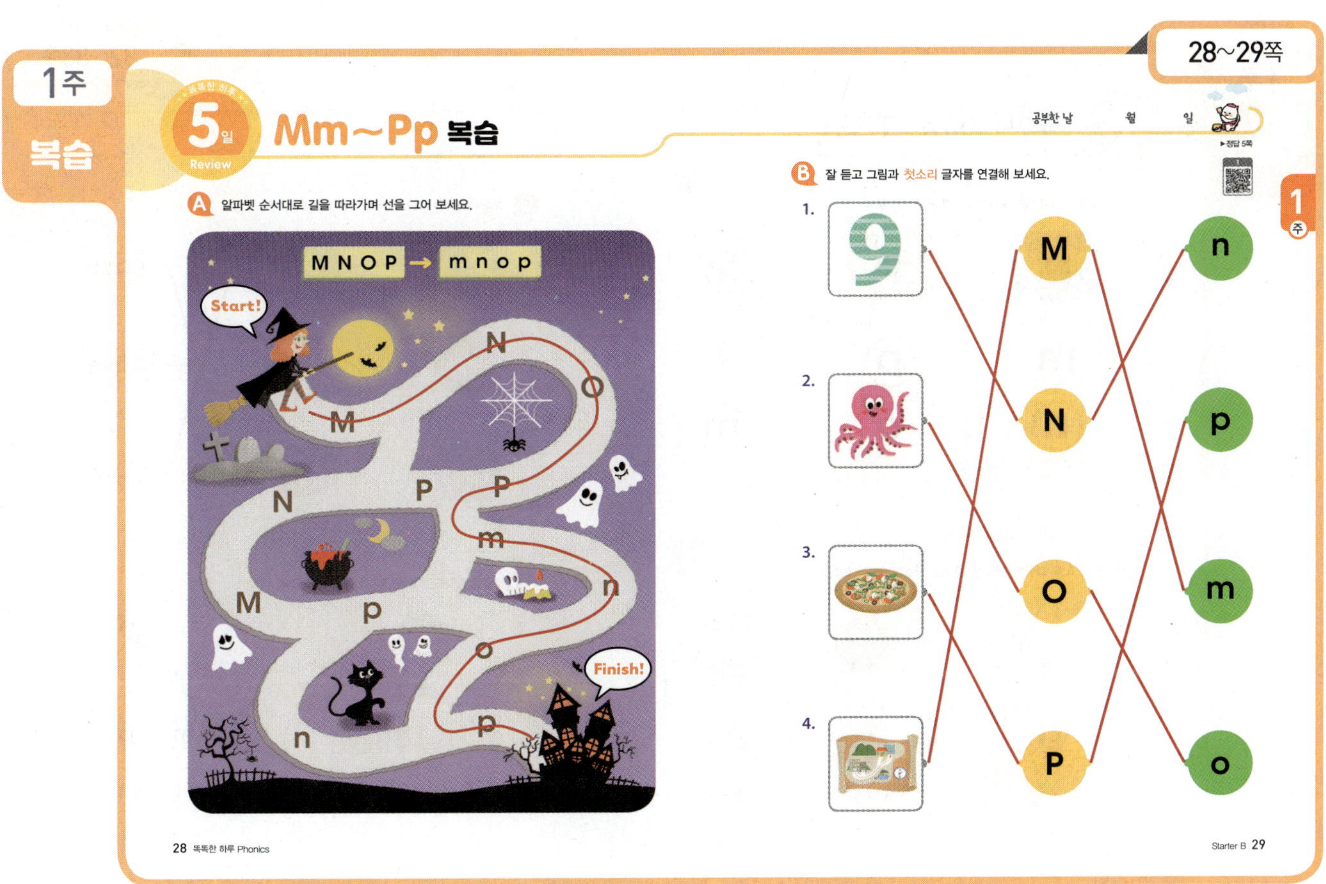

B 잘 듣고 그림과 첫소리 글자를 연결해 보세요.

1. 9 — M — n
2. (octopus) — N — p
3. (pizza) — O — m
4. (map) — P — o

5일 Review
Story Time
이야기를 들으며 따라 읽어 보세요.
I like milk.
I like pizza.
I like olives.
I like nuts. Good!
30 똑똑한 하루 Phonics
Starter B 31

1주 TEST

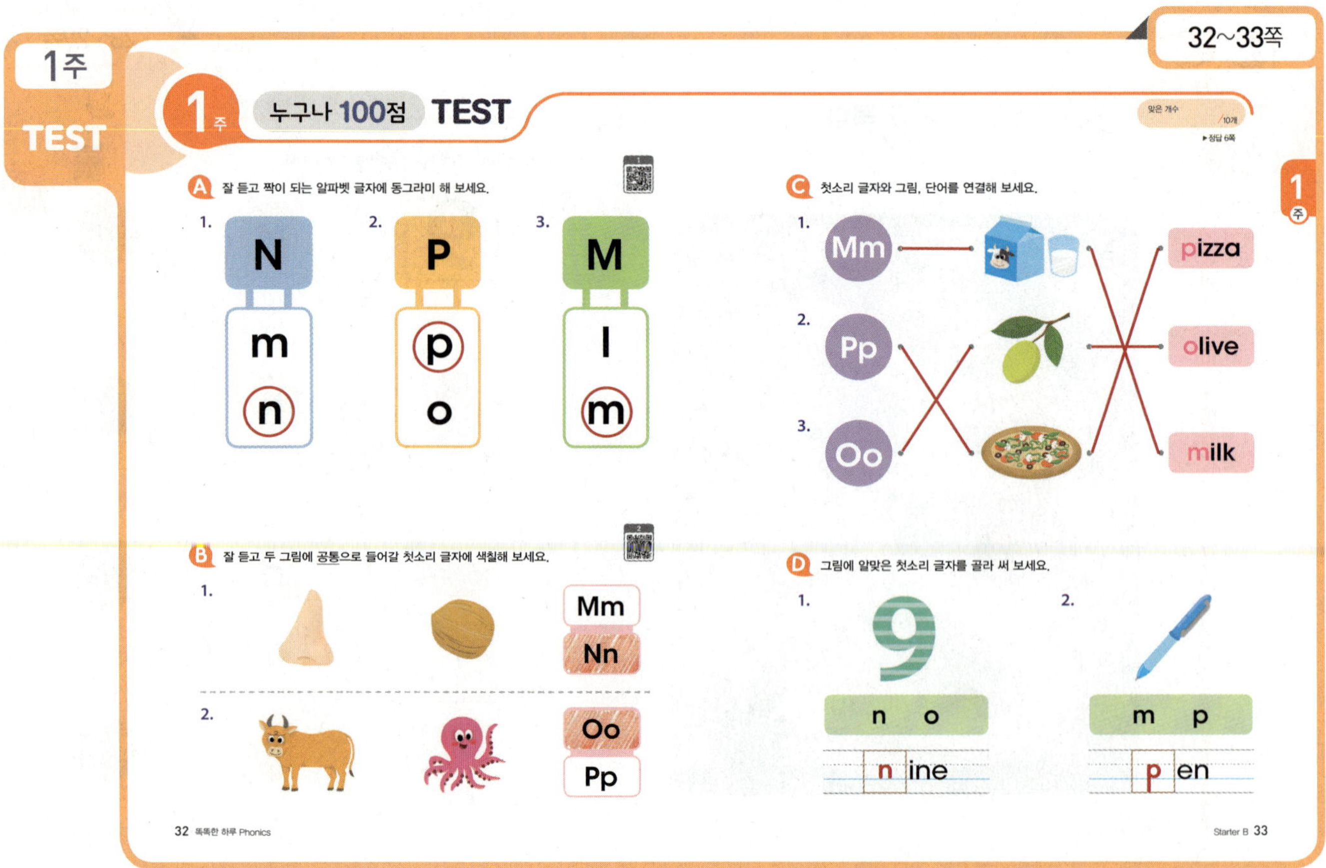
1주 누구나 100점 TEST
A 잘 듣고 짝이 되는 알파벳 글자에 동그라미 해 보세요.
1. N m n
2. P p o
3. M l m
C 첫소리 글자와 그림, 단어를 연결해 보세요.
1. Mm
2. Pp
3. Oo
pizza
olive
milk
B 잘 듣고 두 그림에 공통으로 들어갈 첫소리 글자에 색칠해 보세요.
1. Mm Nn
2. Oo Pp
D 그림에 알맞은 첫소리 글자를 골라 써 보세요.
1. n o
n ine
2. m p
p en
32 똑똑한 하루 Phonics
Starter B 33

1주 특강

1주 특강 창의·융합·코딩 ❶ *Brain Game*

길을 따라가며 퀴즈를 풀어 보세요.

▶정답 7쪽

1주

창의·융합·코딩 ❷ *Brain Game*

▶정답 7쪽

A 각 글자를 돌려서 나올 수 있는 모양을 골라 연결해 보세요.

B 순서에 맞게 빈칸에 들어갈 알파벳을 써 보세요.

1주

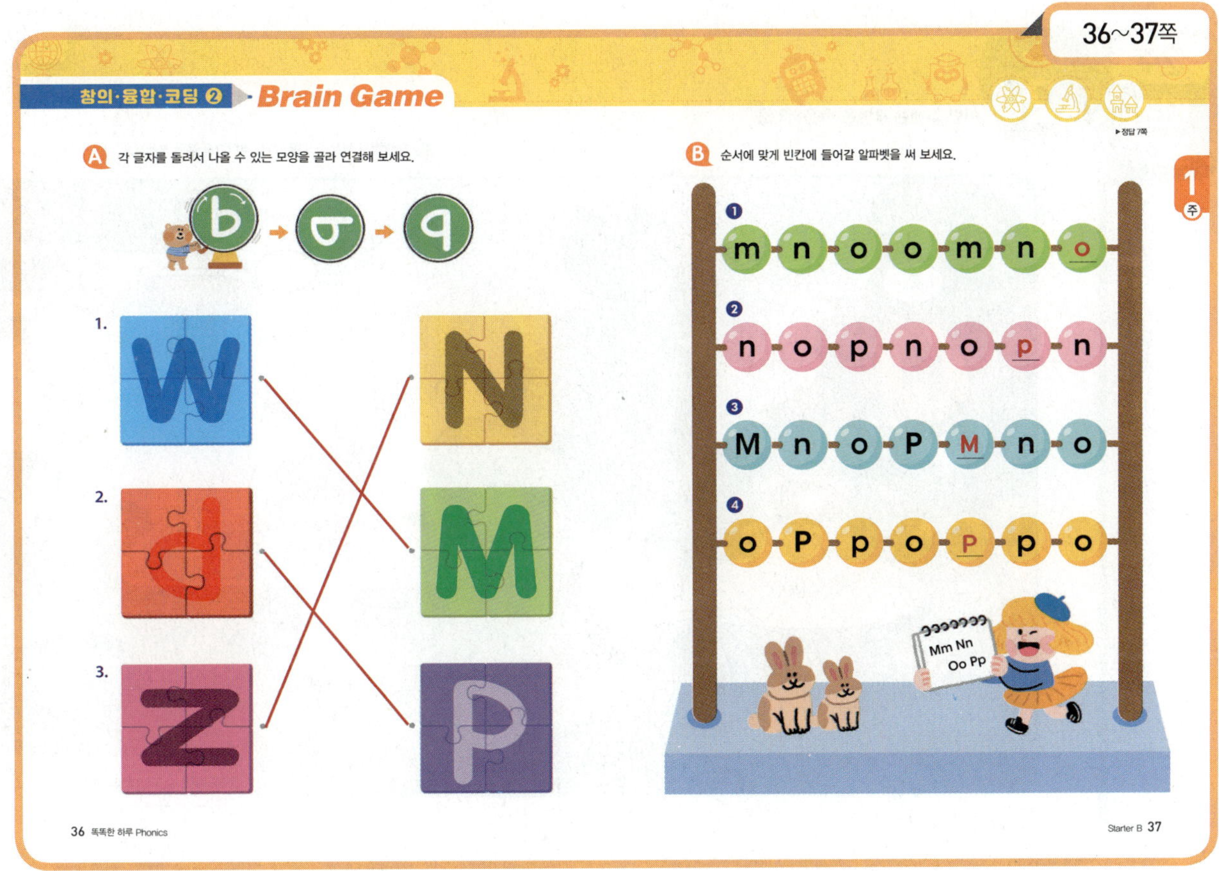

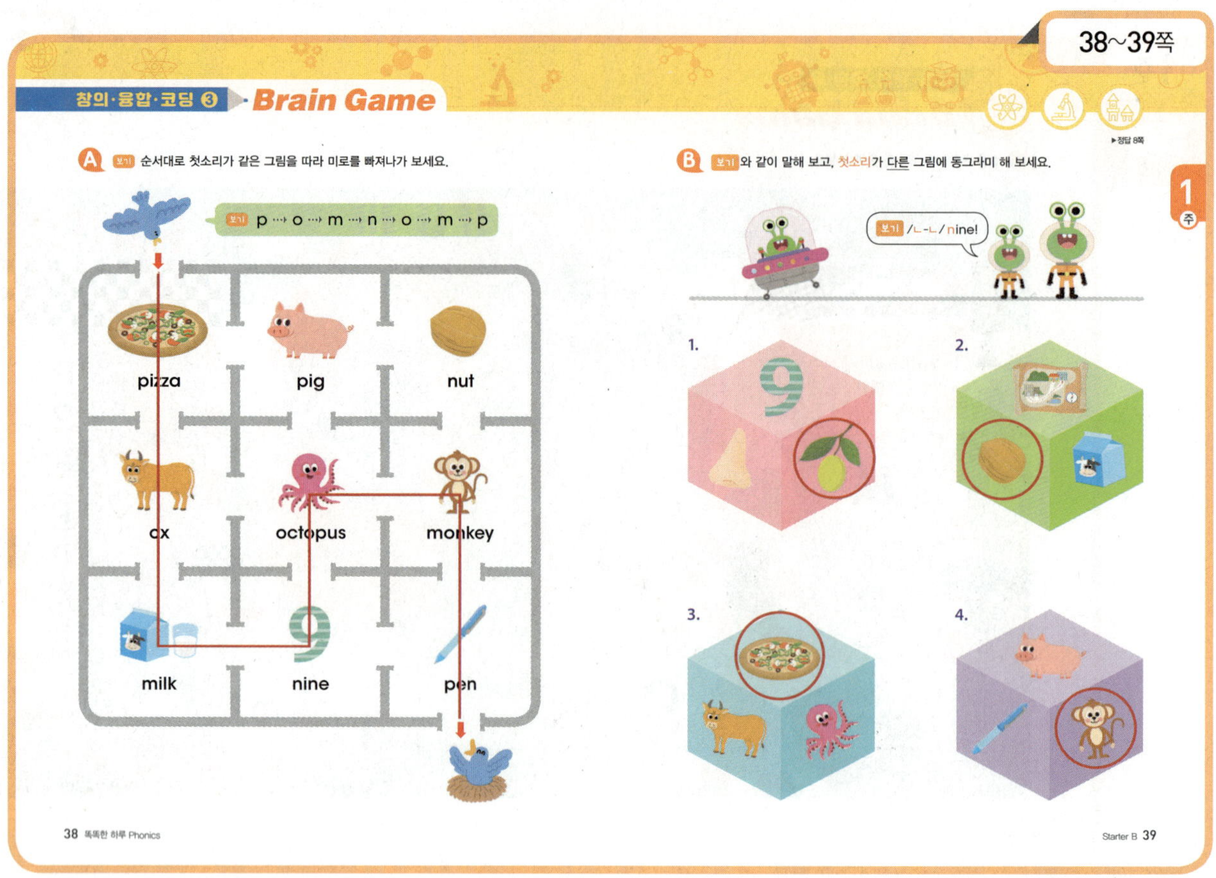
38~39쪽
창의·융합·코딩 ❸ ▶ Brain Game
▶정답 8쪽
1주
A 보기 순서대로 첫소리가 같은 그림을 따라 미로를 빠져나가 보세요.
보기 p ▶ o ▶ m ▶ n ▶ o ▶ m ▶ p
pizza   pig   nut
ox   octopus   monkey
milk   nine   pen
B 보기와 같이 말해 보고, 첫소리가 다른 그림에 동그라미 해 보세요.
보기 /ㄴ-ㄴ/ nine!
1.
2.
3.
4.
38 똑똑한 하루 Phonics
Starter B 39

42~43쪽
2주
미리
보기
2주
이번 주에는 무엇을 배울까? ❷
▶정답 8쪽
알파벳의 이름을 말해 보고, 스티커를 붙여 보세요.
2주
큐
Q
티
T
에스
S
R
알
Quiz
구불구불한 길 모양의 알파벳에 동그라미 해 보세요.
42 똑똑한 하루 Phonics
Starter B 43

2주

1일 PHONICS — Qq 이름 '큐'

공부한 날   월   일
▶정답 9쪽

알파벳 스티커를 붙이고, 숨어 있는 Q와 q를 모두 찾아 동그라미 해 보세요.

큐

Q 대문자   q 소문자   p 왼손 '피'   q 오른손 '큐'

A 잘 듣고 알파벳 Qq의 이름을 말하면서 순서에 맞게 써 보세요.

Q Q Q   q q q
Q Q Q   q q q

B 색깔이 같은 대문자 Q와 소문자 q를 짝이 되게 연결해 보세요.

M N Q q p m
P Q Q n q q

44 똑똑한 하루 Phonics   Starter B 45

1일 PHONICS — Qq 소리 /쿼/

▶정답 9쪽

알파벳 Qq가 어떻게 소리 나는지 들어 보세요.

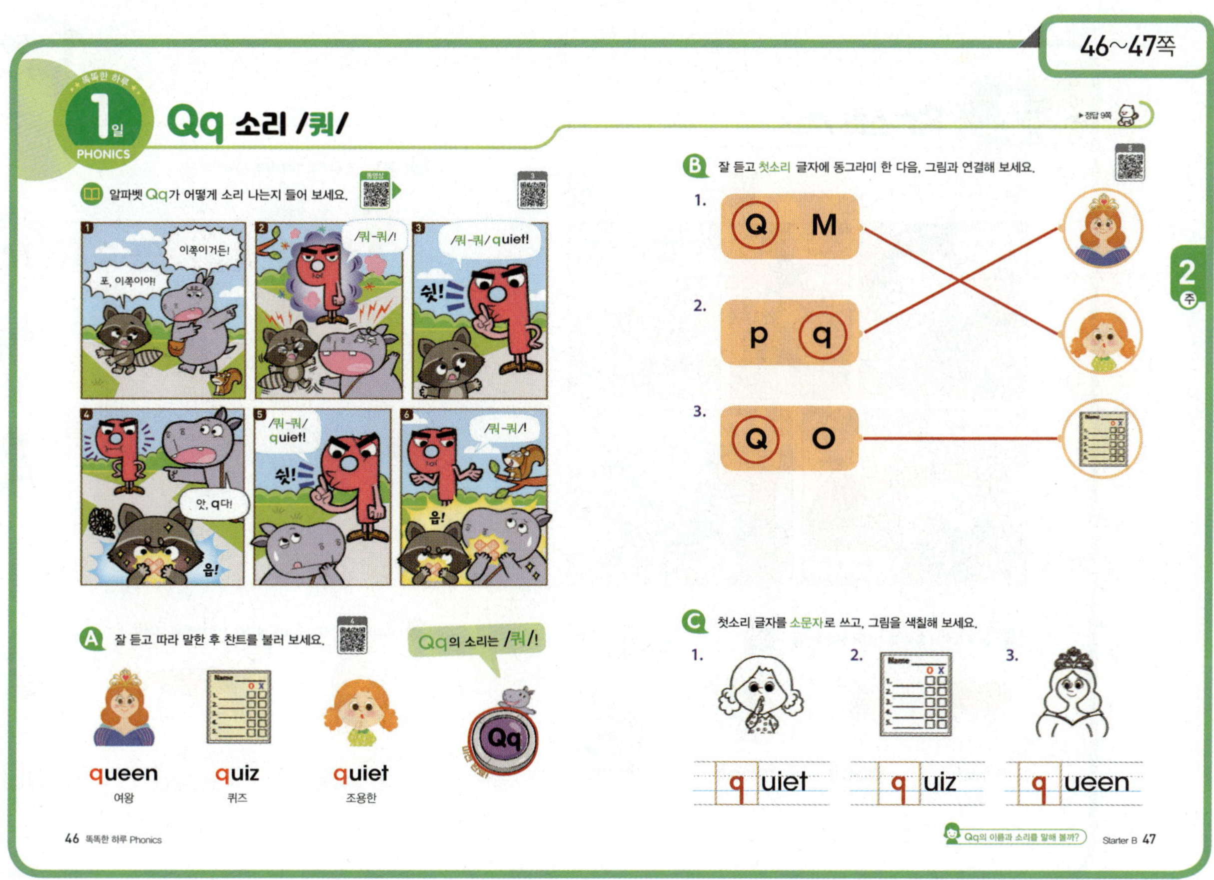

A 잘 듣고 따라 말한 후 찬트를 불러 보세요.

Qq의 소리는 /쿼/!

queen 여왕   quiz 퀴즈   quiet 조용한   Qq

B 잘 듣고 첫소리 글자에 동그라미 한 다음, 그림과 연결해 보세요.

1. Q M
2. p q
3. Q O

C 첫소리 글자를 소문자로 쓰고, 그림을 색칠해 보세요.

1. quiet   2. quiz   3. queen

46 똑똑한 하루 Phonics   Qq의 이름과 소리를 말해 볼까?   Starter B 47

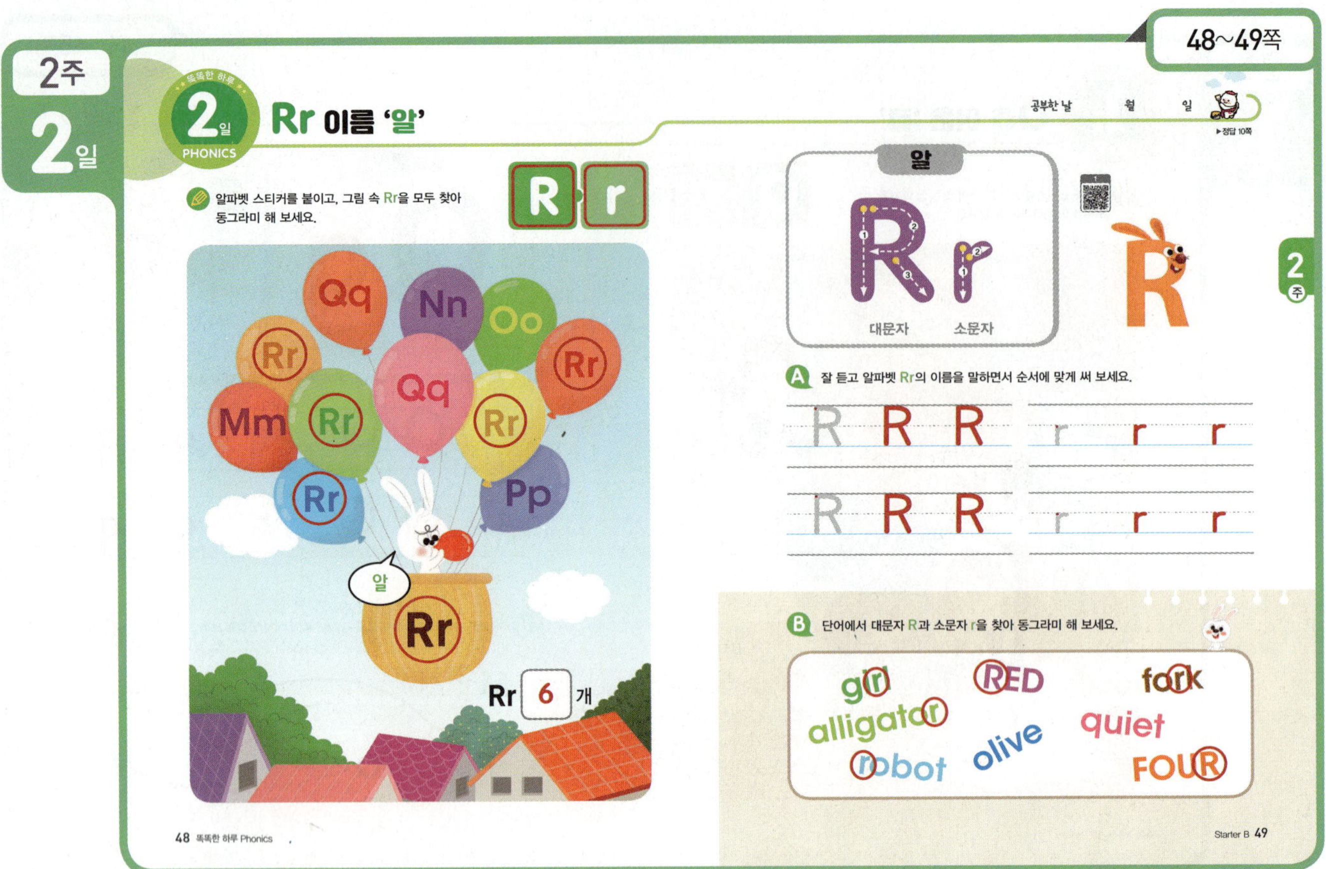

48~49쪽
2주
2일
PHONICS
Rr 이름 '알'
공부한 날   월   일
▶정답 10쪽
알파벳 스티커를 붙이고, 그림 속 Rr을 모두 찾아 동그라미 해 보세요.
R r
Qq Nn Oo
Rr Rr
Mm Rr Qq Rr
Rr Pp
알
Rr
Rr 6 개
48 똑똑한 하루 Phonics
알
Rr
대문자 소문자
A 잘 듣고 알파벳 Rr의 이름을 말하면서 순서에 맞게 써 보세요.
R R R   r r r
R R R   r r r
B 단어에서 대문자 R과 소문자 r을 찾아 동그라미 해 보세요.
gr RED fork
alligator olive quiet
robot olive FOUR
Starter B 49

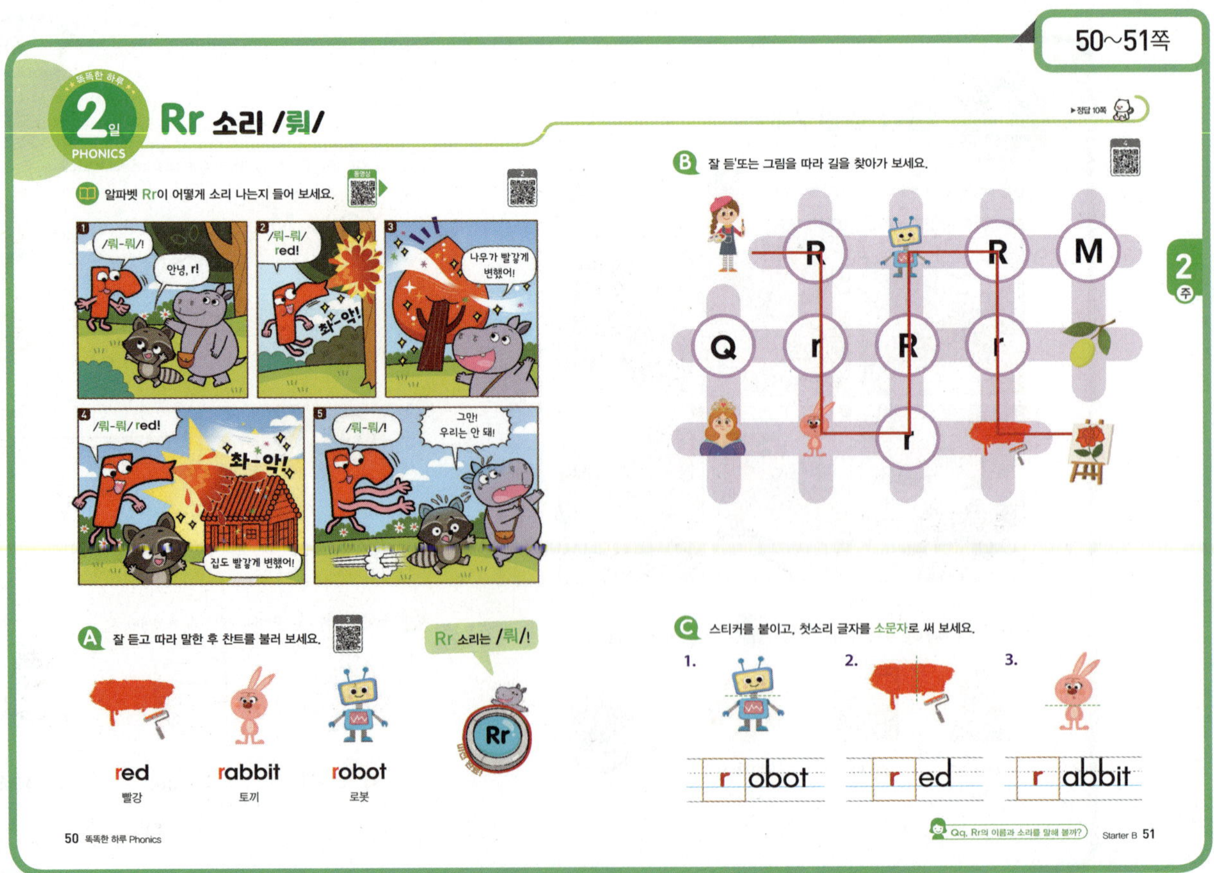

50~51쪽
2일
PHONICS
Rr 소리 /뤄/
▶정답 10쪽
알파벳 Rr이 어떻게 소리 나는지 들어 보세요.
/뤄-뤄/
안녕, r!
/뤄-뤄/ red!
화-악!
나무가 빨갛게 변했어!
/뤄-뤄/ red!
화-악!
집도 빨갛게 변했어!
/뤄-뤄/
그만 우리는 안 돼!
A 잘 듣고 따라 말한 후 챈트를 불러 보세요.
Rr 소리는 /뤄/!
red rabbit robot Rr
빨강 토끼 로봇
50 똑똑한 하루 Phonics
B 잘 듣고 또는 그림을 따라 길을 찾아가 보세요.
R R M
Q r R r
r
C 스티커를 붙이고, 첫소리 글자를 소문자로 써 보세요.
1. 2. 3.
r obot   r ed   r abbit
Qq, Rr의 이름과 소리를 말해 볼까? Starter B 51

2주 3일

3일 PHONICS — **Ss** 이름 '에스'

공부한 날   월   일

▶정답 11쪽

3일 PHONICS — **Ss** 소리 /ㅅ/

▶정답 11쪽

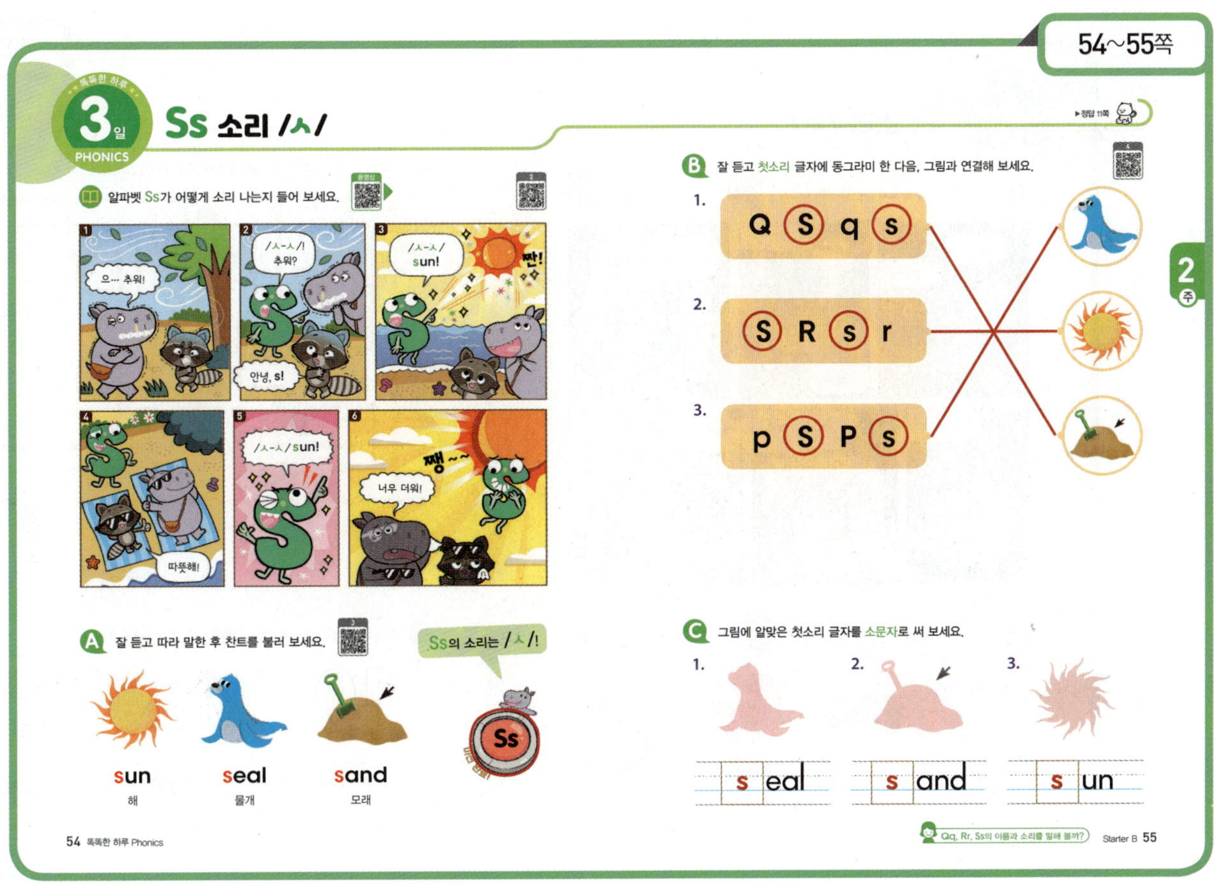

2주 4일

4일 PHONICS Tt 이름 '티'

공부한 날   월   일

▶정답 12쪽

알파벳 스티커를 붙이고, T와 t를 모두 찾아 해당하는 칸을 색칠해 보세요.

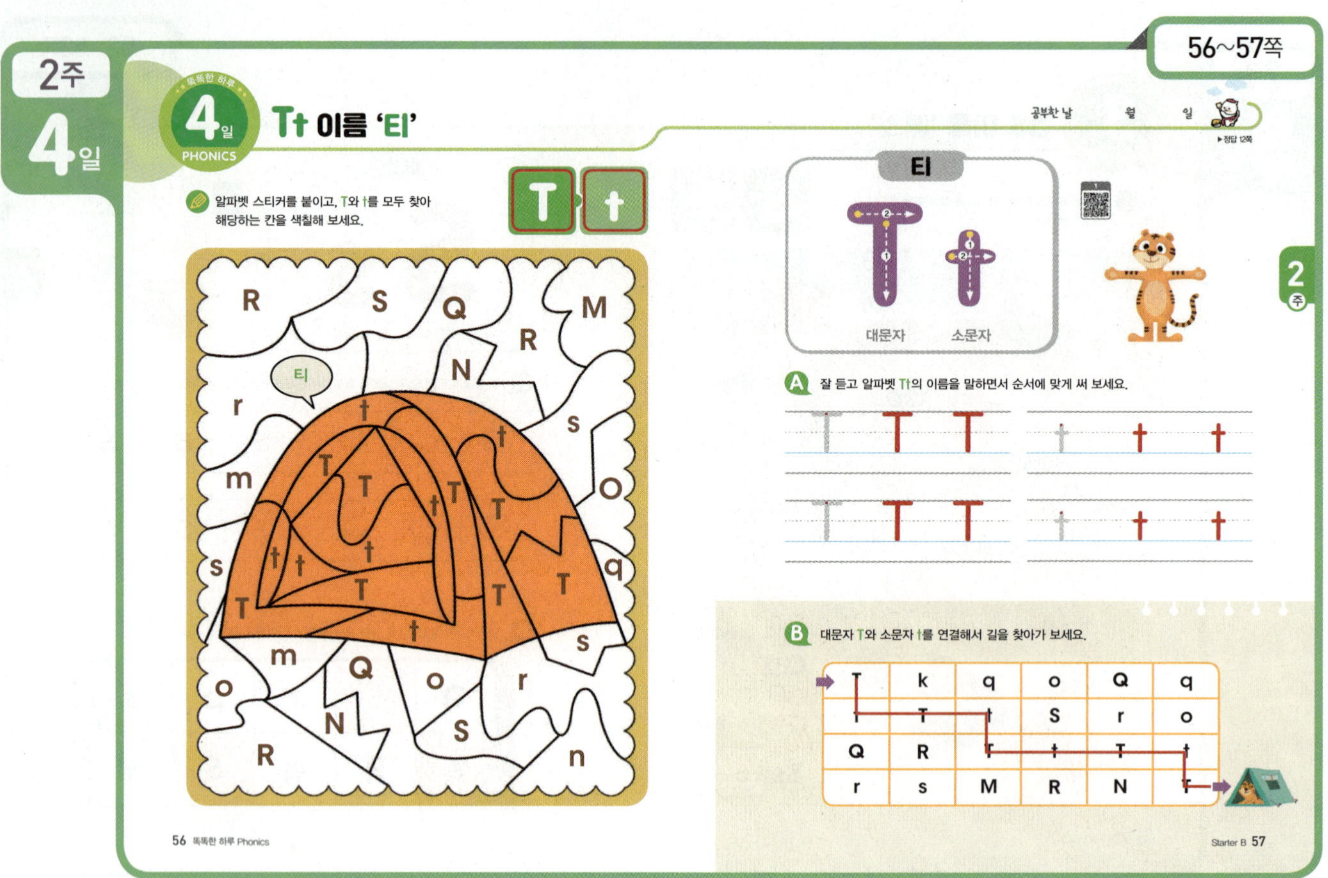

4일 PHONICS Tt 소리 /ㅌ/

▶정답 12쪽

알파벳 Tt가 어떻게 소리 나는지 들어 보세요.

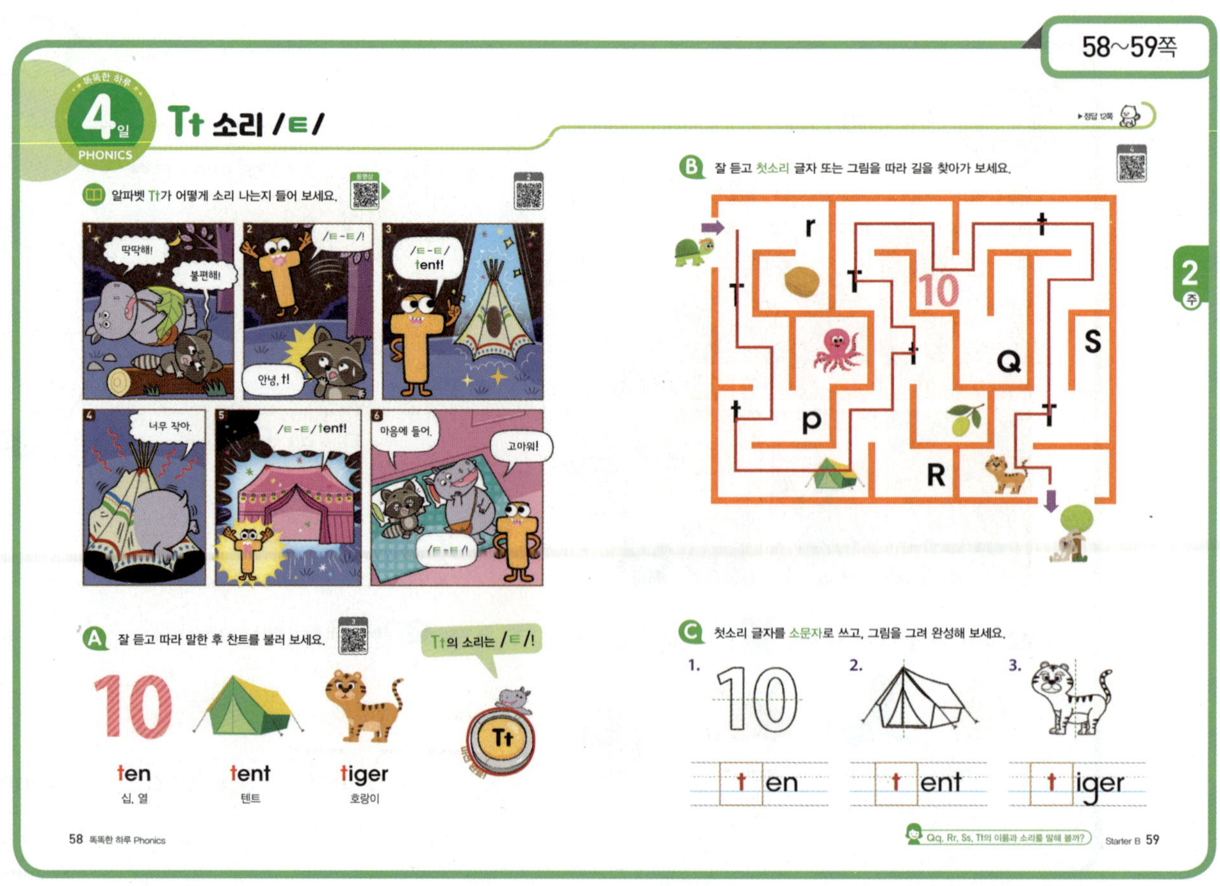

Qq, Rr, Ss, Tt의 이름과 소리를 말해 볼까? Starter B 59

2주 복습

5일 Review **Qq~Tt 복습**

공부한 날   월   일

▶정답 13쪽

A 주어진 알파벳 순서대로 빈칸에 글자를 써 보세요.

B 잘 듣고 그림과 첫소리 글자를 연결해 보세요.

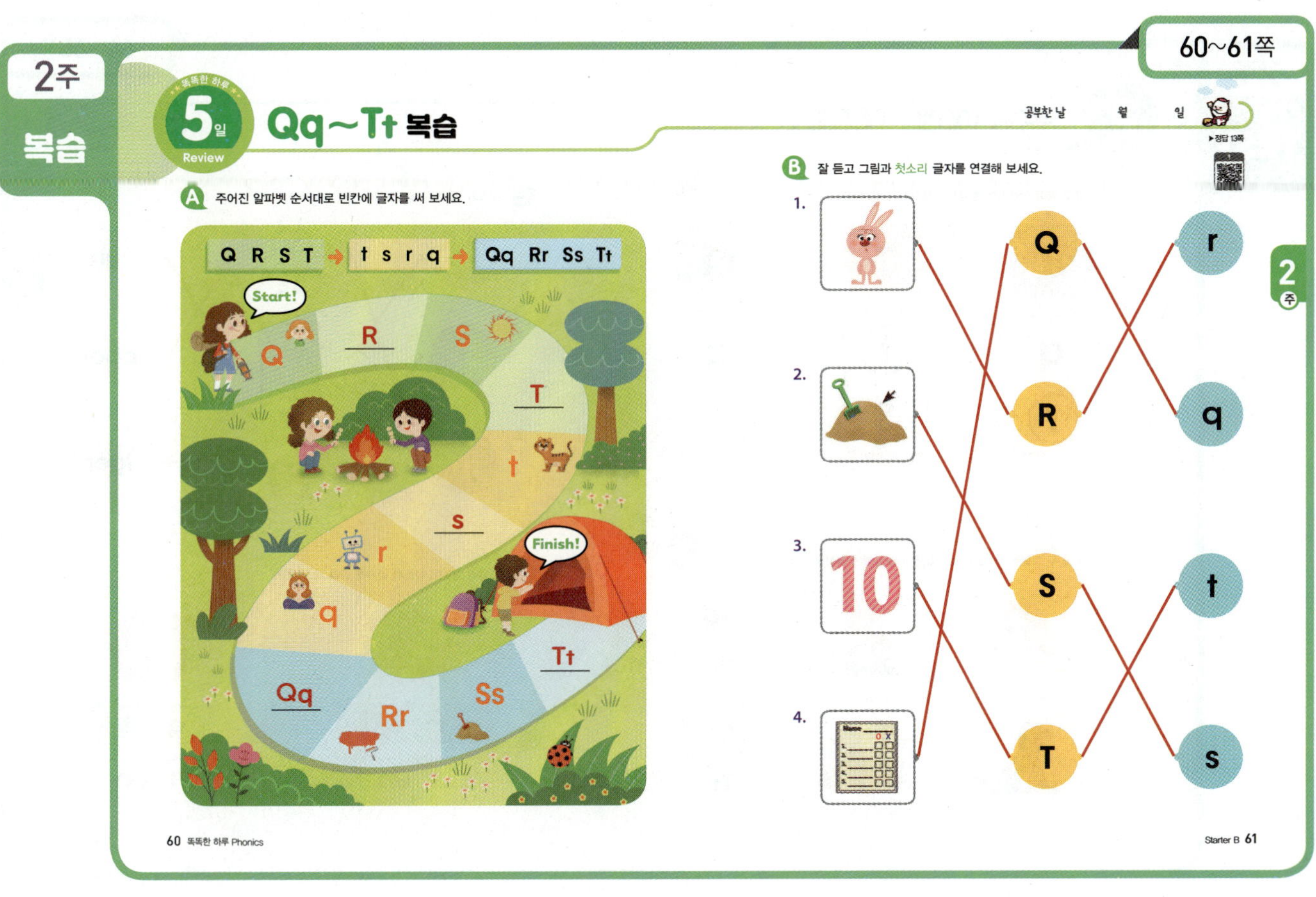

60 똑똑한 하루 Phonics

Starter B 61

5일 Review **Story Time**

▶정답 13쪽

A 이야기를 들으며 따라 읽어 보세요.

62 똑똑한 하루 Phonics

Starter B 63

2주 TEST

64~65쪽

2주 누구나 100점 TEST

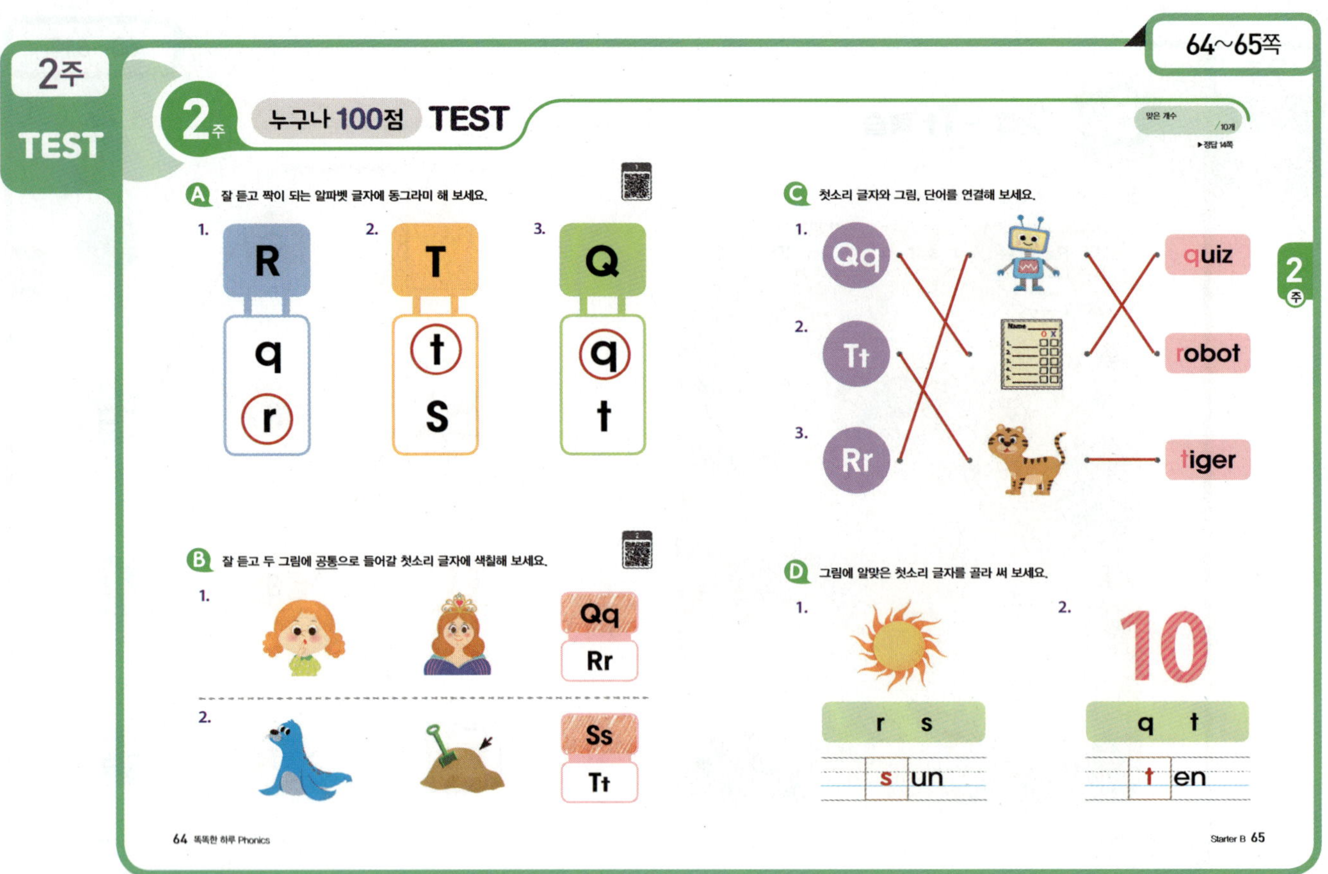

66~67쪽

2주 특강

2주 특강 창의·융합·코딩 ❶ Brain Game

길을 따라가며 퀴즈를 풀어 보세요.

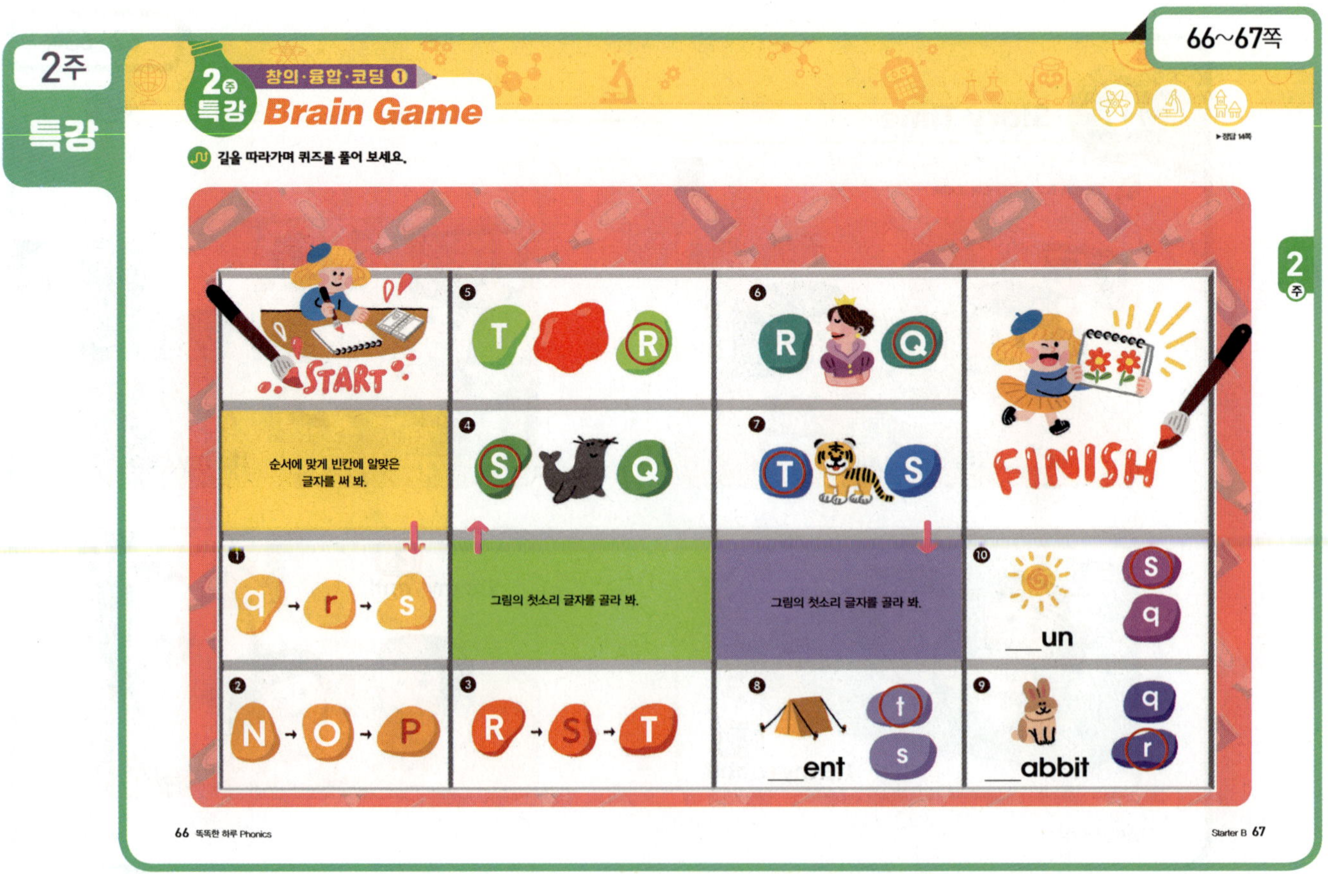

창의·융합·코딩 ❷ Brain Game

A 대문자를 따라 그린 후 같은 글자가 보이는 그림과 연결해 보세요.

B 보기 와 같이 알파벳 순서대로 나가는 길을 찾아 선을 그어 보세요.

▶정답 15쪽

보기 Qq ➡ Rr ➡ Ss ➡ Tt

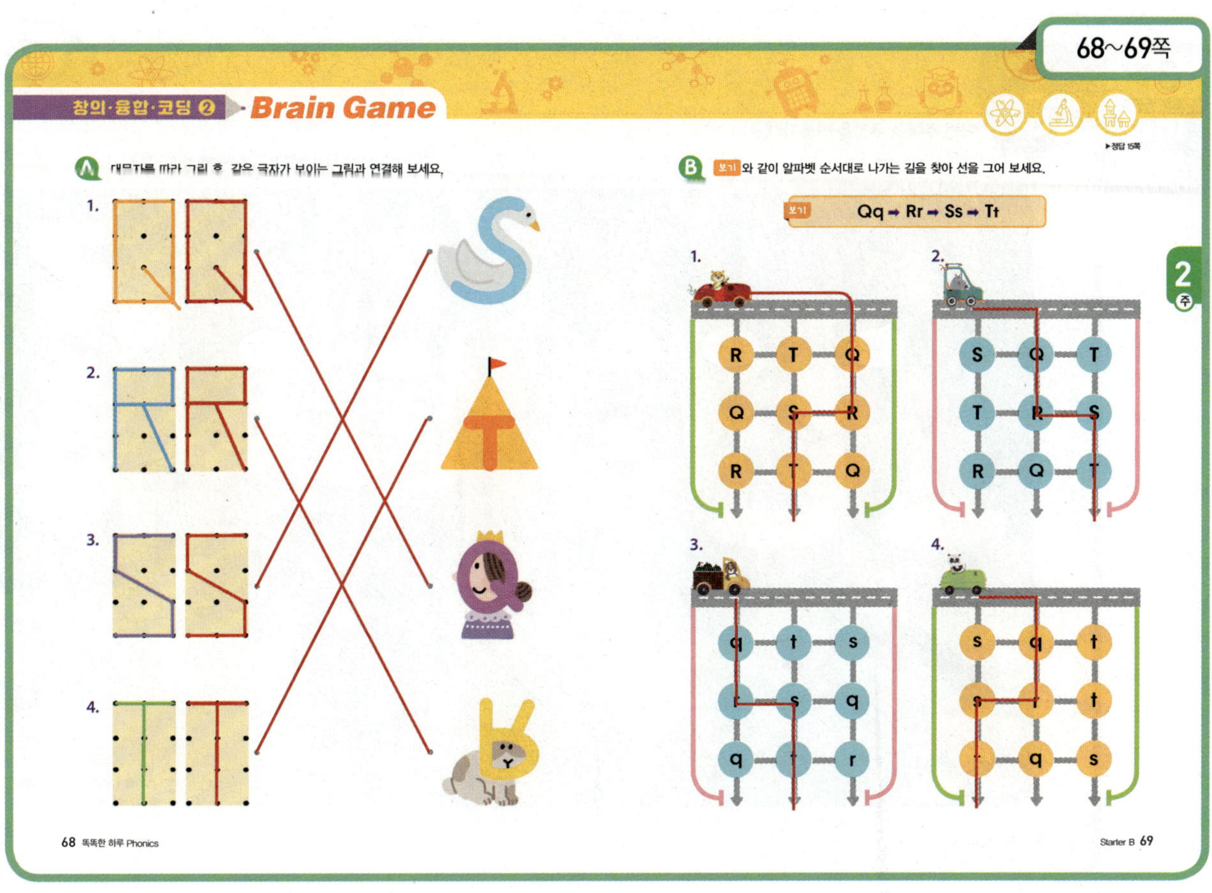

창의·융합·코딩 ❸ Brain Game

A 각 퍼즐에 공통으로 들어갈 첫소리 글자를 찾아 빈칸에 써 보세요.

B 그림의 첫소리 글자를 고르고, 다트를 돌려서 얻게 될 숫자를 빈칸에 써 보세요.

▶정답 15쪽

74~75 쪽
▶정답 16쪽
3주
미리
보기
3주
이번 주에는 무엇을 배울까? ❷
알파벳의 이름을 말해 보고, 스티커를 붙여 보세요.
U V W X Y Z
유 브이 더블유 엑스 와이 지
Quiz
승리를 나타내는 를 닮은 알파벳에
동그라미 해 보세요.
74 똑똑한 하루 Phonics
Starter B 75

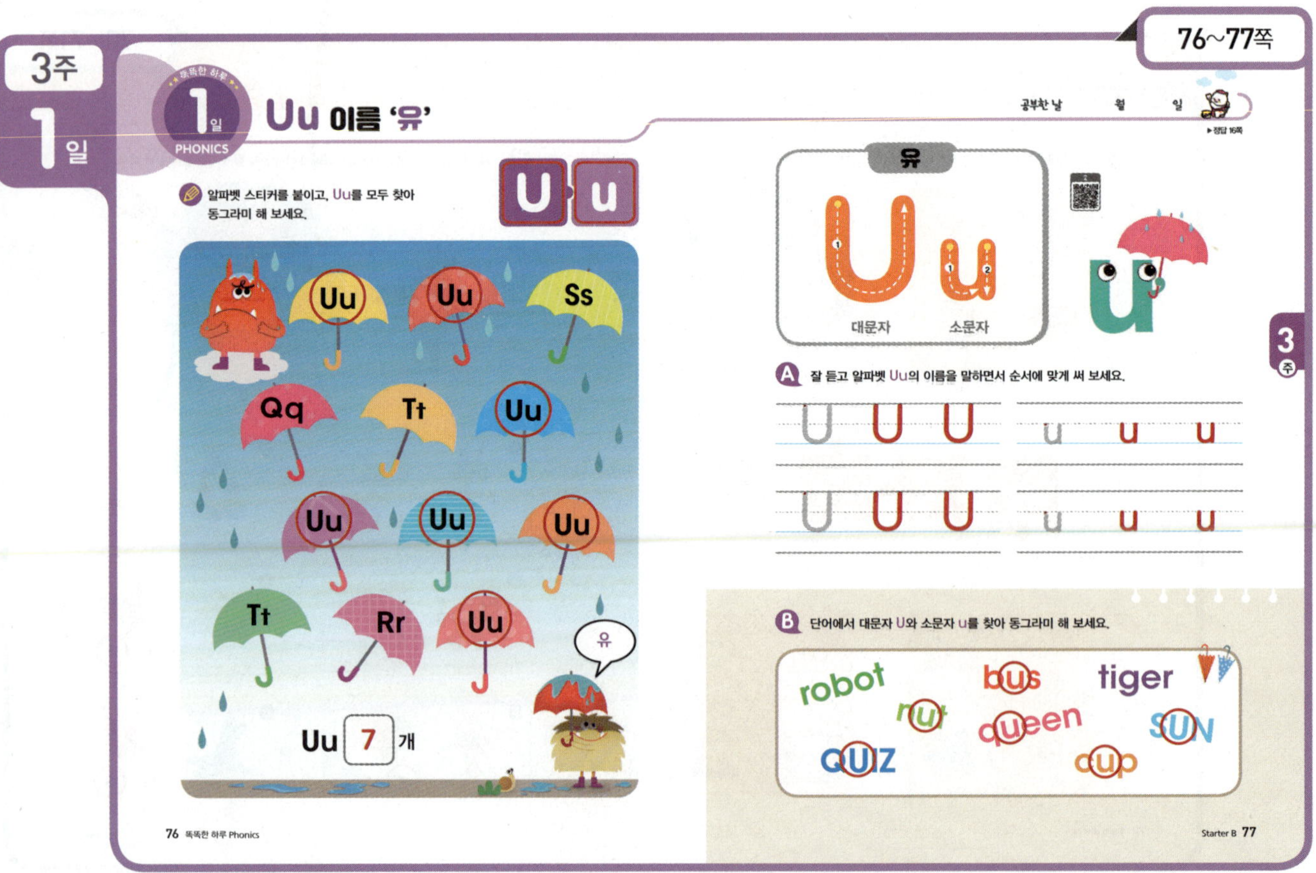
76~77쪽
3주
1일
1일
PHONICS
Uu 이름 '유'
공부한 날   월   일
▶정답 16쪽
알파벳 스티커를 붙이고, Uu를 모두 찾아
동그라미 해 보세요.
U u
유
Uu Uu Ss
Qq Tt Uu
Uu Uu Uu
Tt Rr Uu
유
Uu 7 개
대문자 소문자
A 잘 듣고 알파벳 Uu의 이름을 말하면서 순서에 맞게 써 보세요.
B 단어에서 대문자 U와 소문자 u를 찾아 동그라미 해 보세요.
robot bus tiger
nut queen sun
quiz cup
76 똑똑한 하루 Phonics
Starter B 77

78~79쪽

1일 PHONICS · Uu 소리 /어/

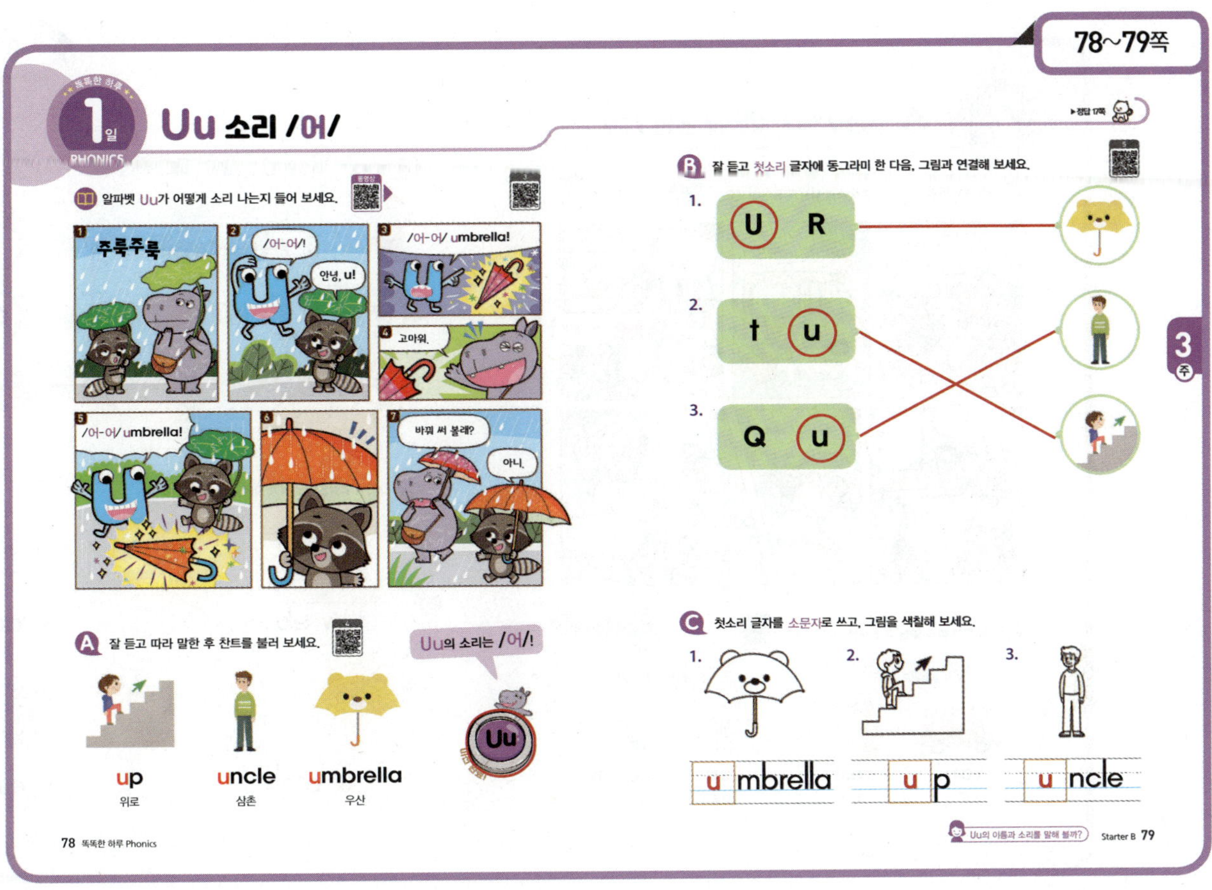

B 잘 듣고 첫소리 글자에 동그라미 한 다음, 그림과 연결해 보세요.

1. U R
2. t u
3. Q u

C 첫소리 글자를 소문자로 쓰고, 그림을 색칠해 보세요.

1. umbrella
2. up
3. uncle

Uu의 이름과 소리를 말해 볼까? · Starter B 79

80~81쪽

3주 2일

2일 PHONICS · Vv 이름 '브이', Ww 이름 '더블유'

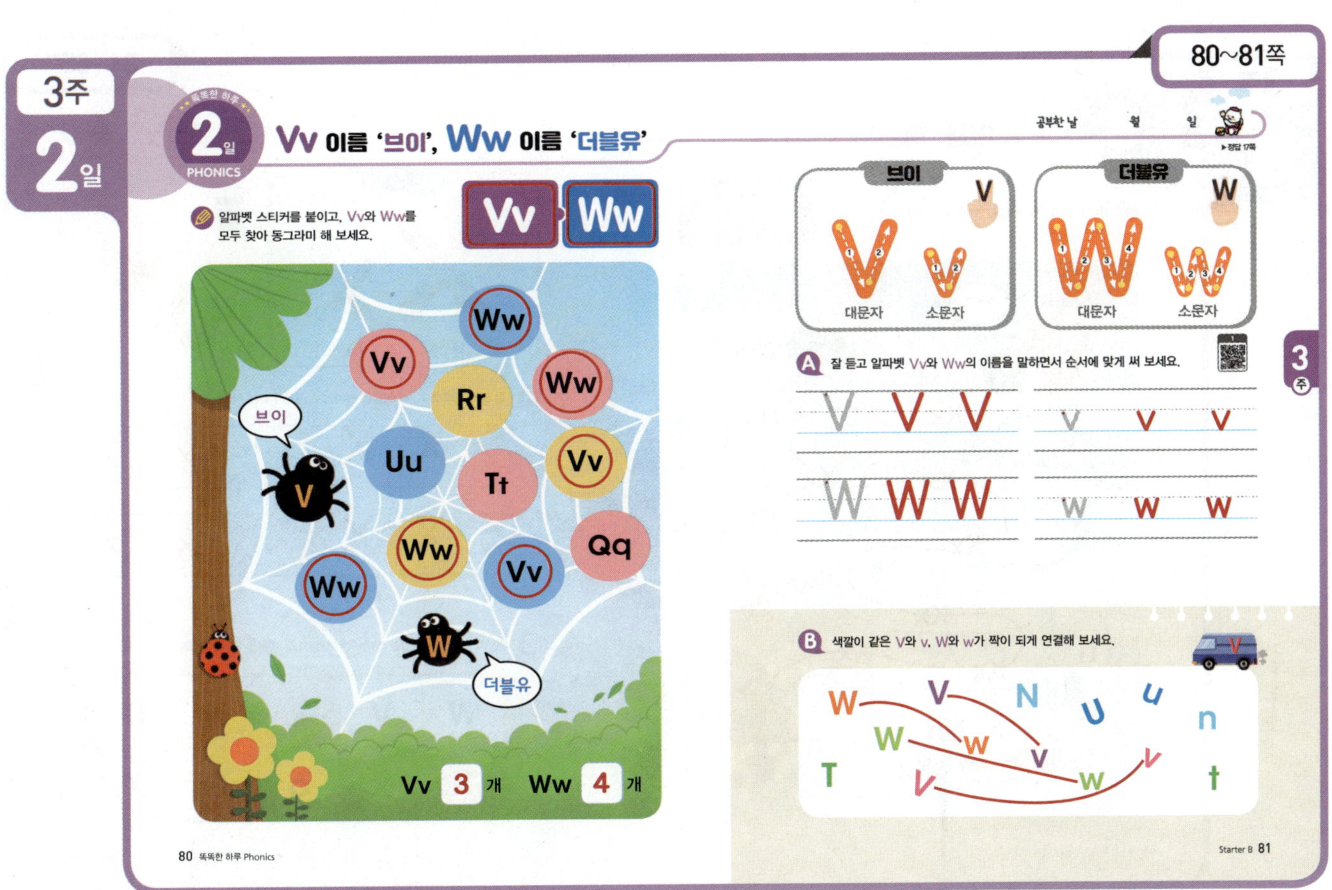

공부한 날 월 일

Starter B 81

2일 PHONICS Vv 소리 /ᵛㅂ/, Ww 소리 /워/

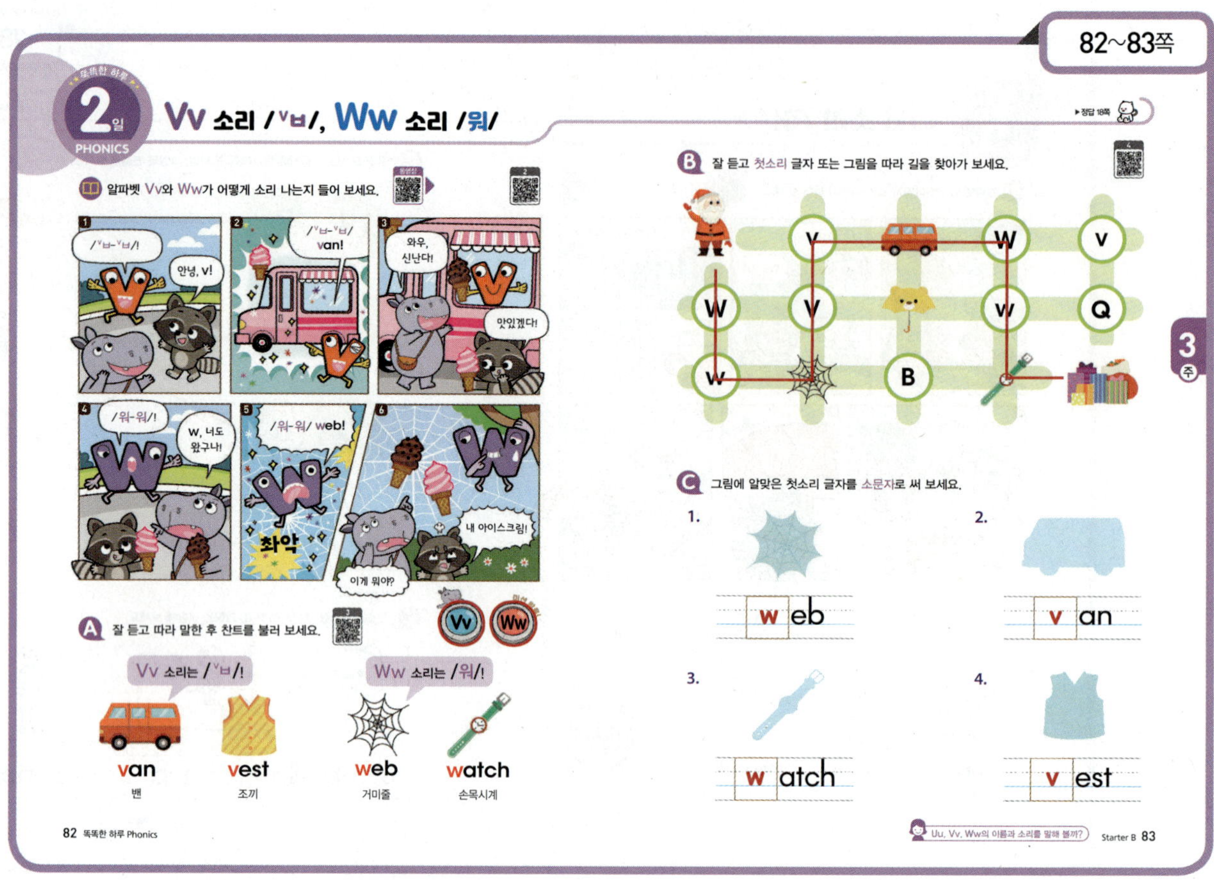

🔊 알파벳 Vv와 Ww가 어떻게 소리 나는지 들어 보세요.

Ⓐ 잘 듣고 따라 말한 후 찬트를 불러 보세요.

Vv 소리는 /ᵛㅂ/!   Ww 소리는 /워/!

van 밴   **vest** 조끼   **web** 거미줄   **watch** 손목시계

Ⓑ 잘 듣고 첫소리 글자 또는 그림을 따라 길을 찾아가 보세요.

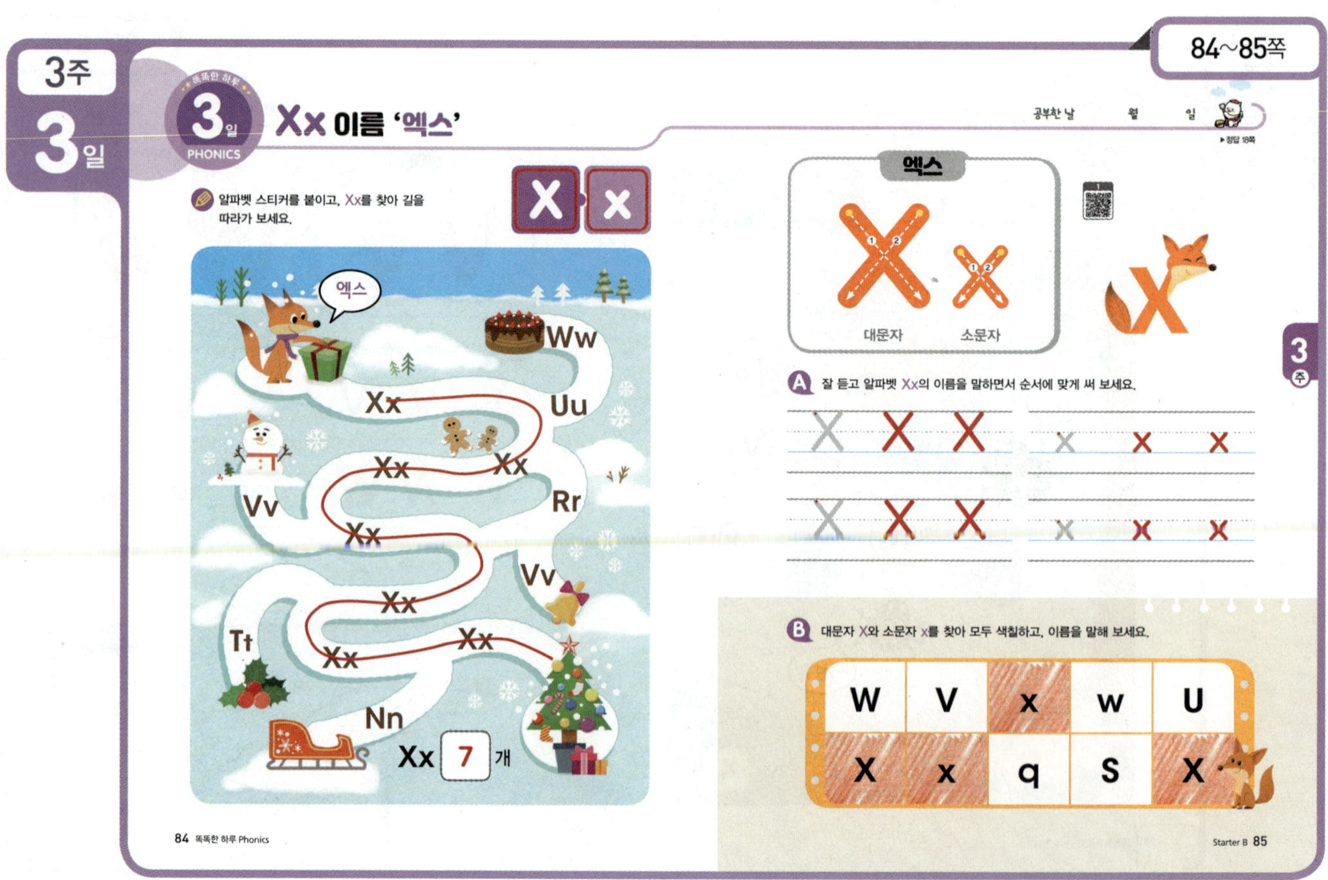

Ⓒ 그림에 알맞은 첫소리 글자를 소문자로 써 보세요.

1. **w** eb

2. **v** an

3. **w** atch

4. **v** est

Uu, Vv, Ww의 이름과 소리를 말해 볼까?

3주 3일 / 3일 PHONICS Xx 이름 '엑스'

공부한 날   월   일

✏️ 알파벳 스티커를 붙이고, Xx를 찾아 길을 따라가 보세요.

X x

엑스

대문자   소문자

Ⓐ 잘 듣고 알파벳 Xx의 이름을 말하면서 순서에 맞게 써 보세요.

X X X   x x x

X X X   x x x

Ⓑ 대문자 X와 소문자 x를 찾아 모두 색칠하고, 이름을 말해 보세요.

W	V	x	w	U
X	x	q	S	X

3일 PHONICS
Xx 소리 /ㅋㅅ/

▶정답 19쪽

알파벳 Xx가 어떻게 소리 나는지 들어 보세요.

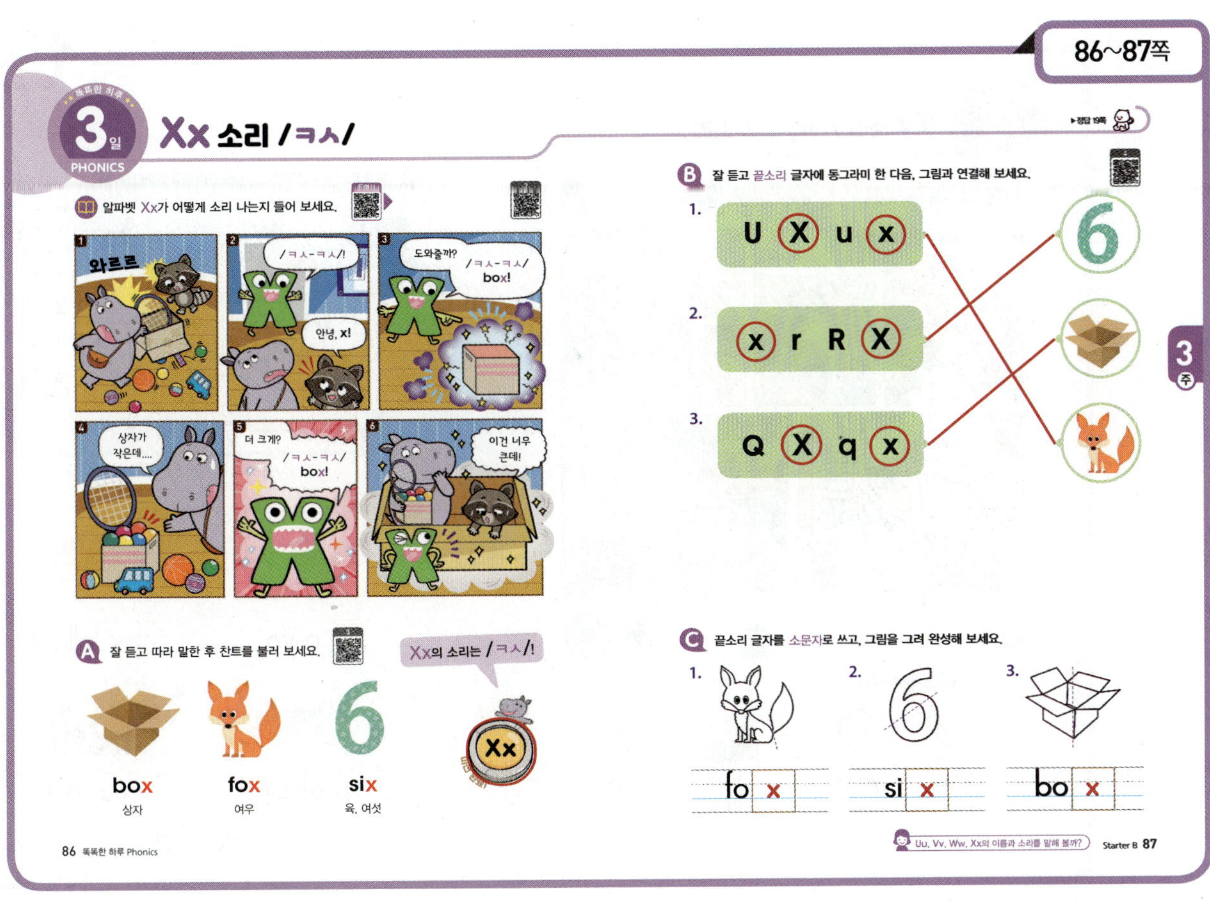

A 잘 듣고 따라 말한 후 찬트를 불러 보세요.

Xx의 소리는 /ㅋㅅ/!

bo**x** 상자
fo**x** 여우
si**x** 육, 여섯

B 잘 듣고 끝소리 글자에 동그라미 한 다음, 그림과 연결해 보세요.

1. U **X** u **x**
2. **x** r R **X**
3. Q **X** q **x**

C 끝소리 글자를 소문자로 쓰고, 그림을 그려 완성해 보세요.

1. fo **x**
2. si **x**
3. bo **x**

3주

Uu, Vv, Ww, Xx의 이름과 소리를 말해 볼까?

3주 4일
4일 PHONICS
Yy 이름 '와이', Zz 이름 '지'

공부한 날 월 일

▶정답 19쪽

알파벳 스티커를 붙이고, 그림 속 Yy와 Zz를 각각 색칠해 보세요.

Yy Zz

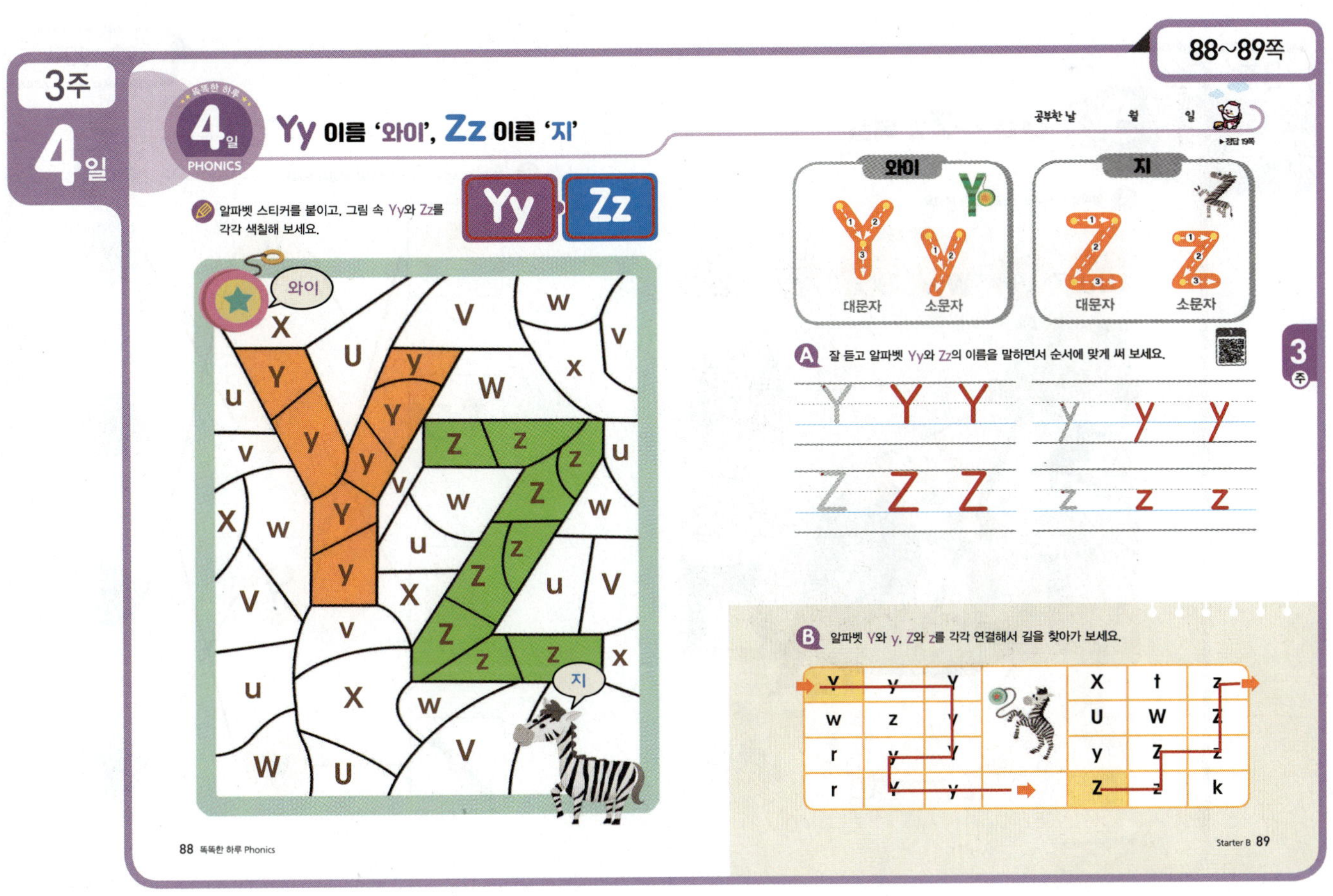

와이
Y y
대문자 소문자

지
Z z
대문자 소문자

A 잘 듣고 알파벳 Yy와 Zz의 이름을 말하면서 순서에 맞게 써 보세요.

Y Y Y   y y y

Z Z Z   z z z

B 알파벳 Y와 y, Z와 z를 각각 연결해서 길을 찾아가 보세요.

3주

4일 PHONICS · Yy 소리 /여/, Zz 소리 /ᶻ즈/

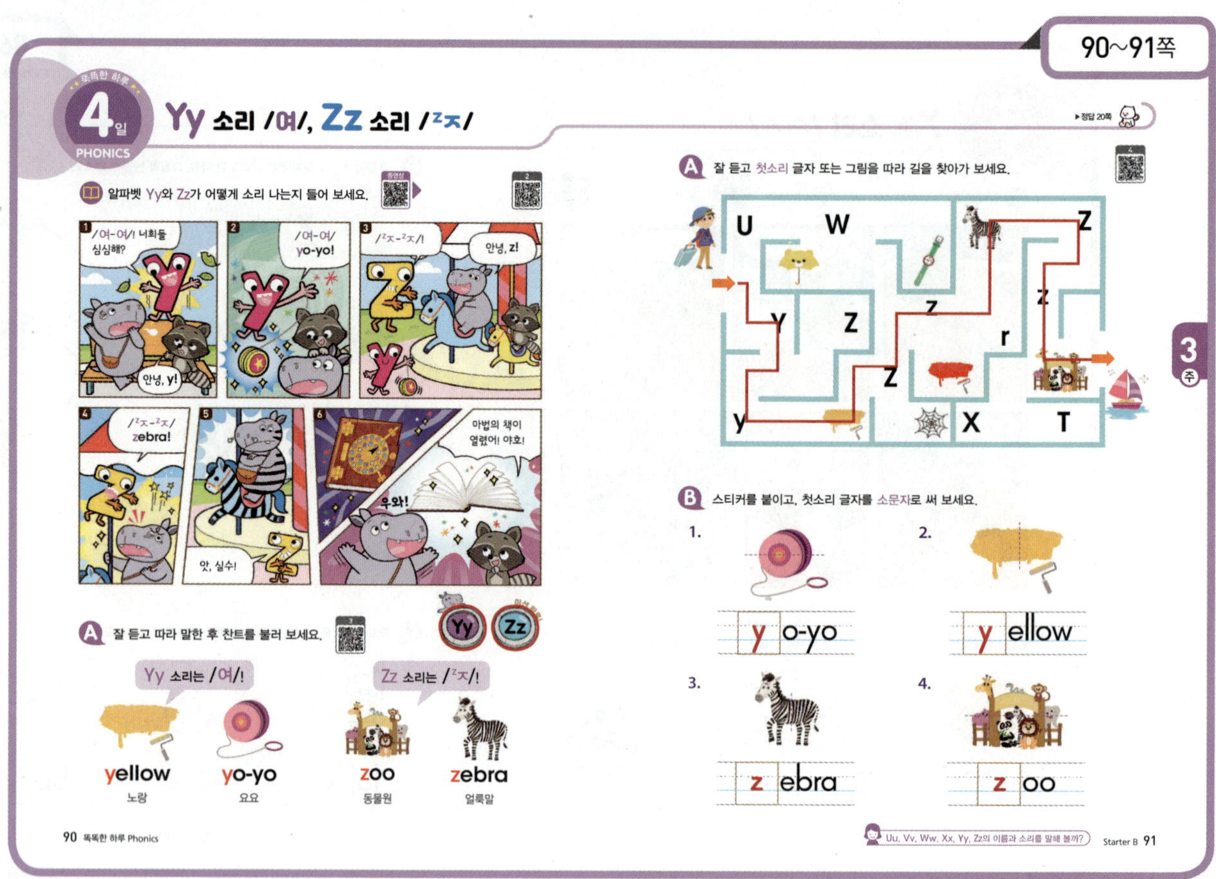

3주 복습 · 5일 Review · Uu ~ Zz 복습

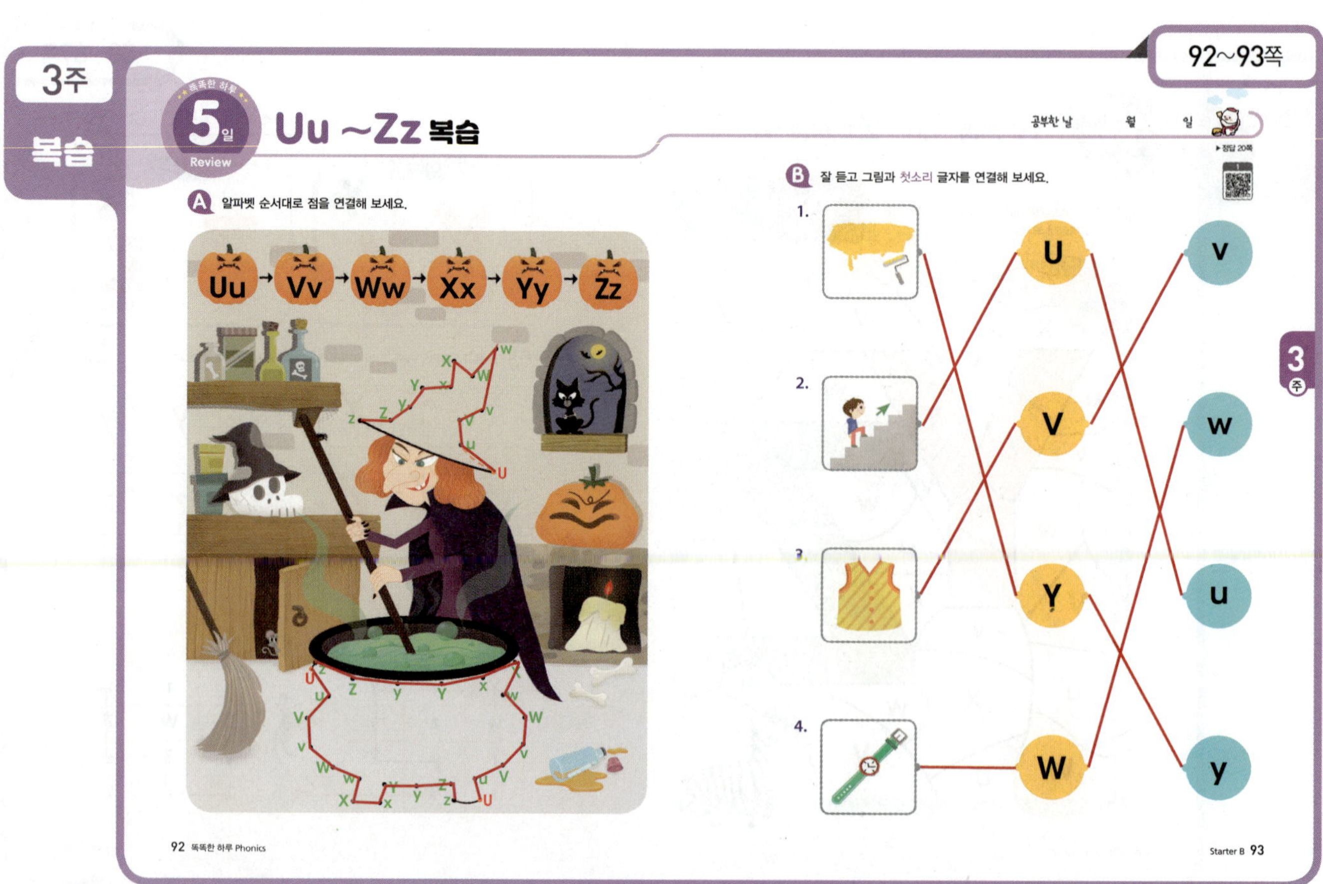

5일 Review **Story Time**

▶정답 2쪽

A 이야기를 들으며 따라 읽어 보세요.

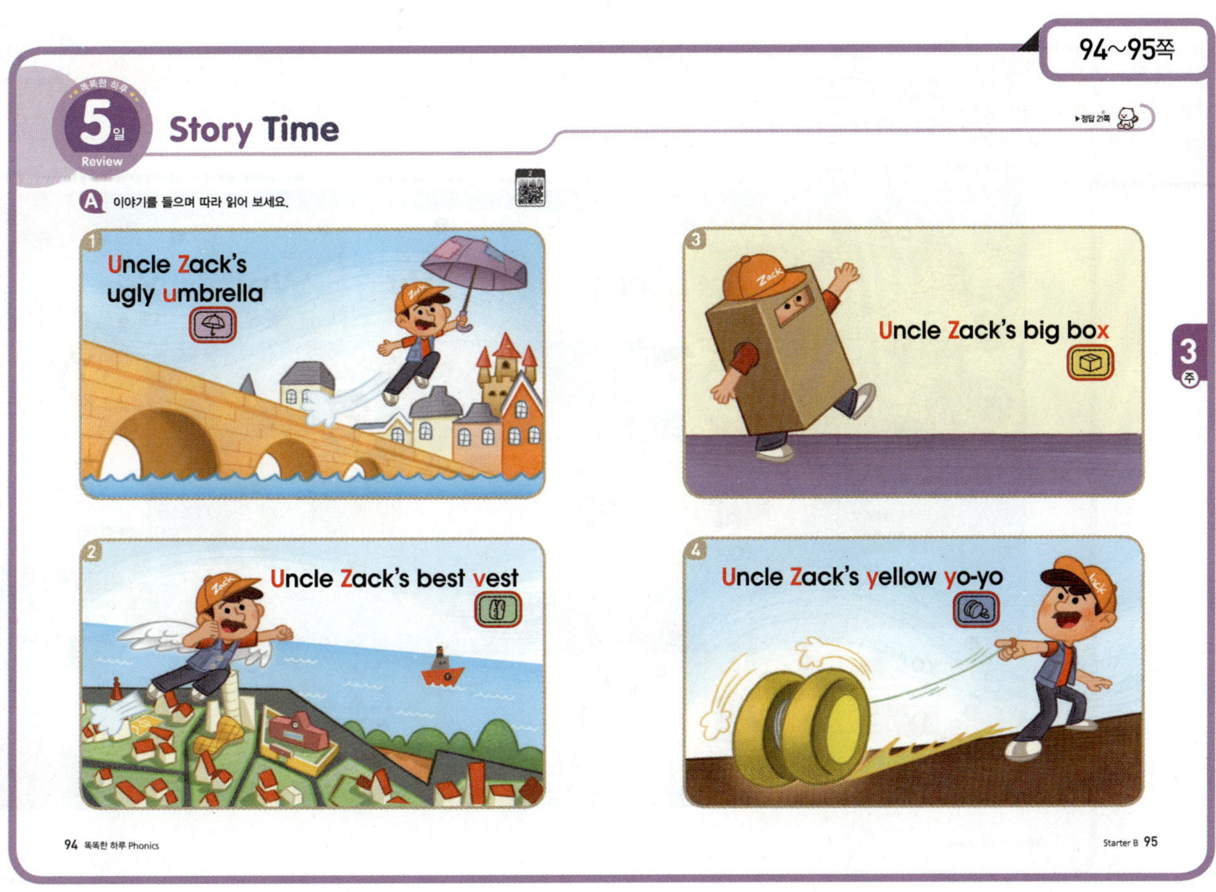

94 똑똑한 하루 Phonics

Starter B 95

3주 TEST

3주 누구나 100점 **TEST**

맞은 개수 /10개
▶정답 21쪽

A 잘 듣고 짝이 되는 알파벳 글자에 동그라미 해 보세요.

C 첫소리 글자와 그림, 단어를 연결해 보세요.

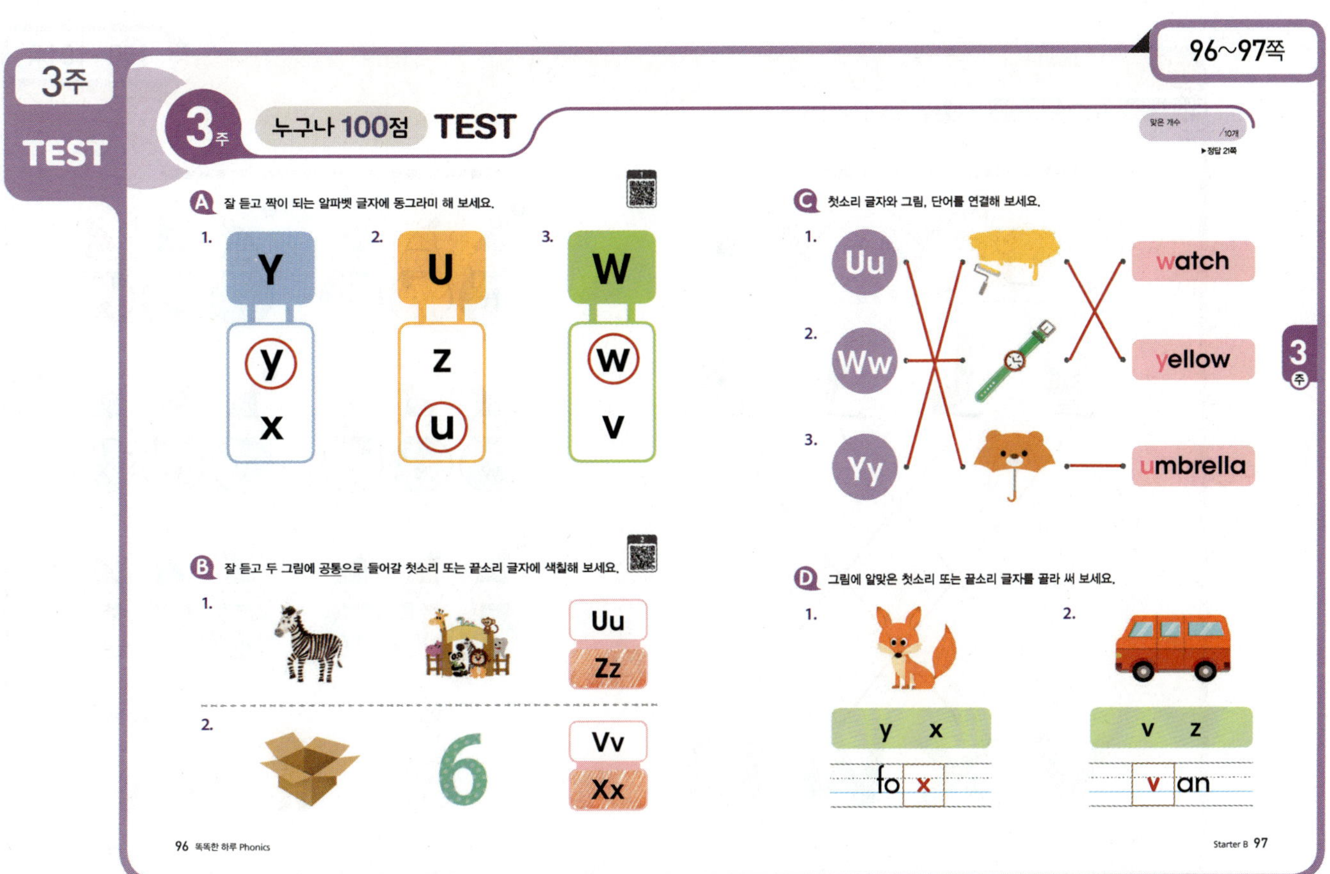

96 똑똑한 하루 Phonics

Starter B 97

정답 **21**

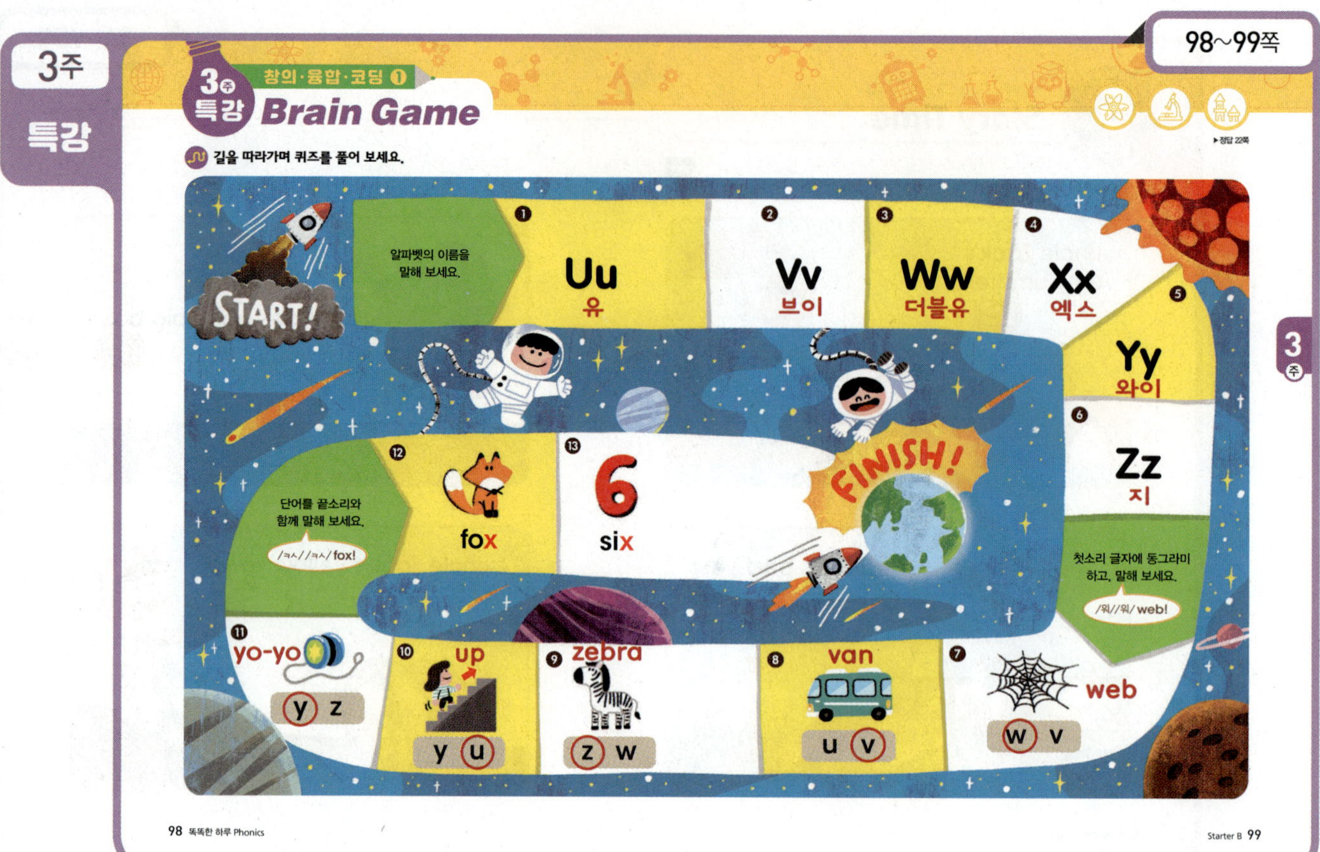
98~99쪽
3주
특강
3주 특강 창의·융합·코딩 ❶ Brain Game
▶정답 22쪽
길을 따라가며 퀴즈를 풀어 보세요.
START!
❶ 알파벳의 이름을 말해 보세요.
Uu 유
❷ Vv 브이
❸ Ww 더블유
❹ Xx 엑스
❺ Yy 와이
❻ Zz 지
❼ web
첫소리 글자에 동그라미 하고, 말해 보세요.
/워//워/ web!
❽ van
u (v)
❾ zebra
(z) w
❿ up
y (u)
⓫ yo-yo
(y) z
⓬ 단어를 끝소리와 함께 말해 보세요.
/ㄲㅅ//ㄲㅅ/ fox!
fox
⓭ 6 six
FINISH!
98 똑똑한 하루 Phonics
Starter B 99

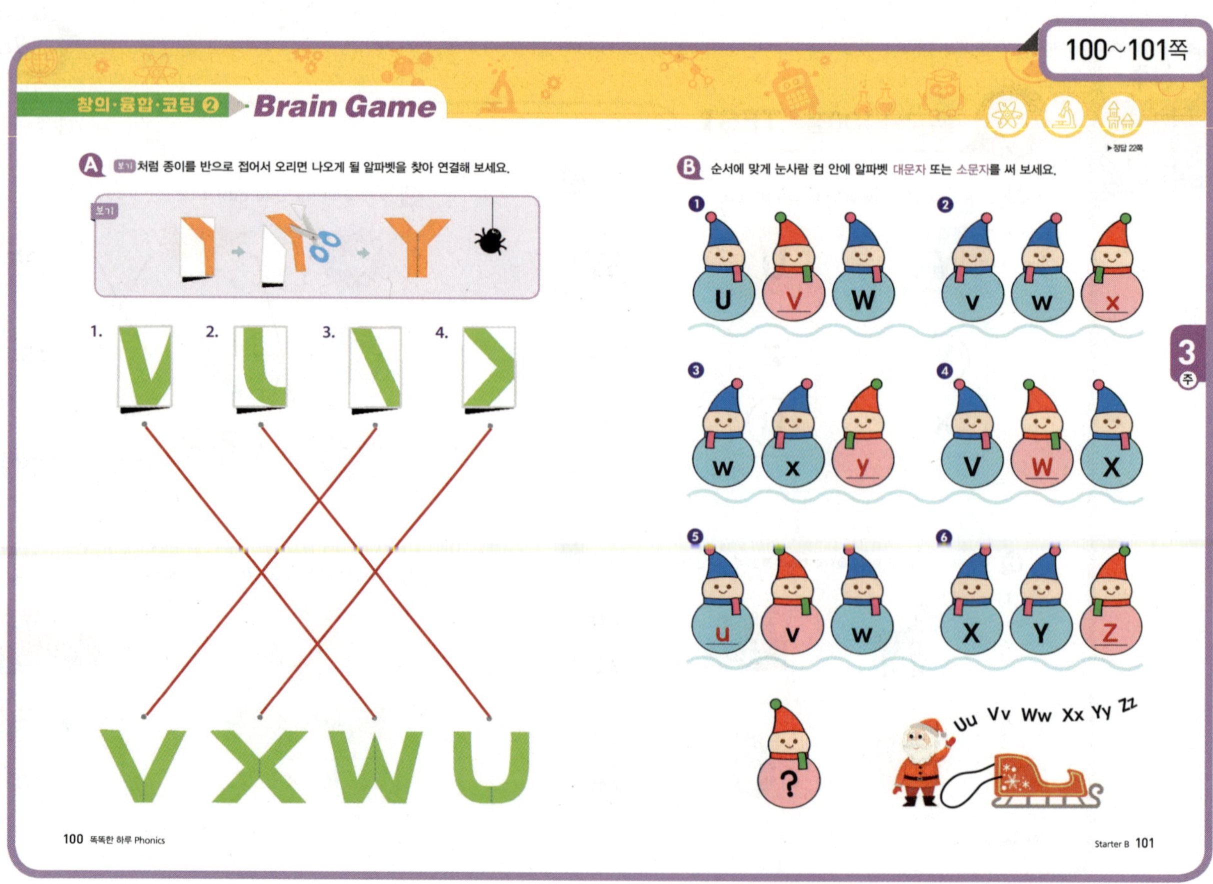
100~101쪽
창의·융합·코딩 ❷ Brain Game
▶정답 22쪽
A 보기처럼 종이를 반으로 접어서 오리면 나오게 될 알파벳을 찾아 연결해 보세요.
보기
Y
1. 2. 3. 4.
V X W U
B 순서에 맞게 눈사람 컵 안에 알파벳 대문자 또는 소문자를 써 보세요.
❶ U V W
❷ v w x
❸ w x y
❹ v w x
❺ u v w
❻ x y z
?
Uu Vv Ww Xx Yy Zz
100 똑똑한 하루 Phonics
Starter B 101

창의·융합·코딩 ❸ ▶Brain Game

▶정답 23쪽

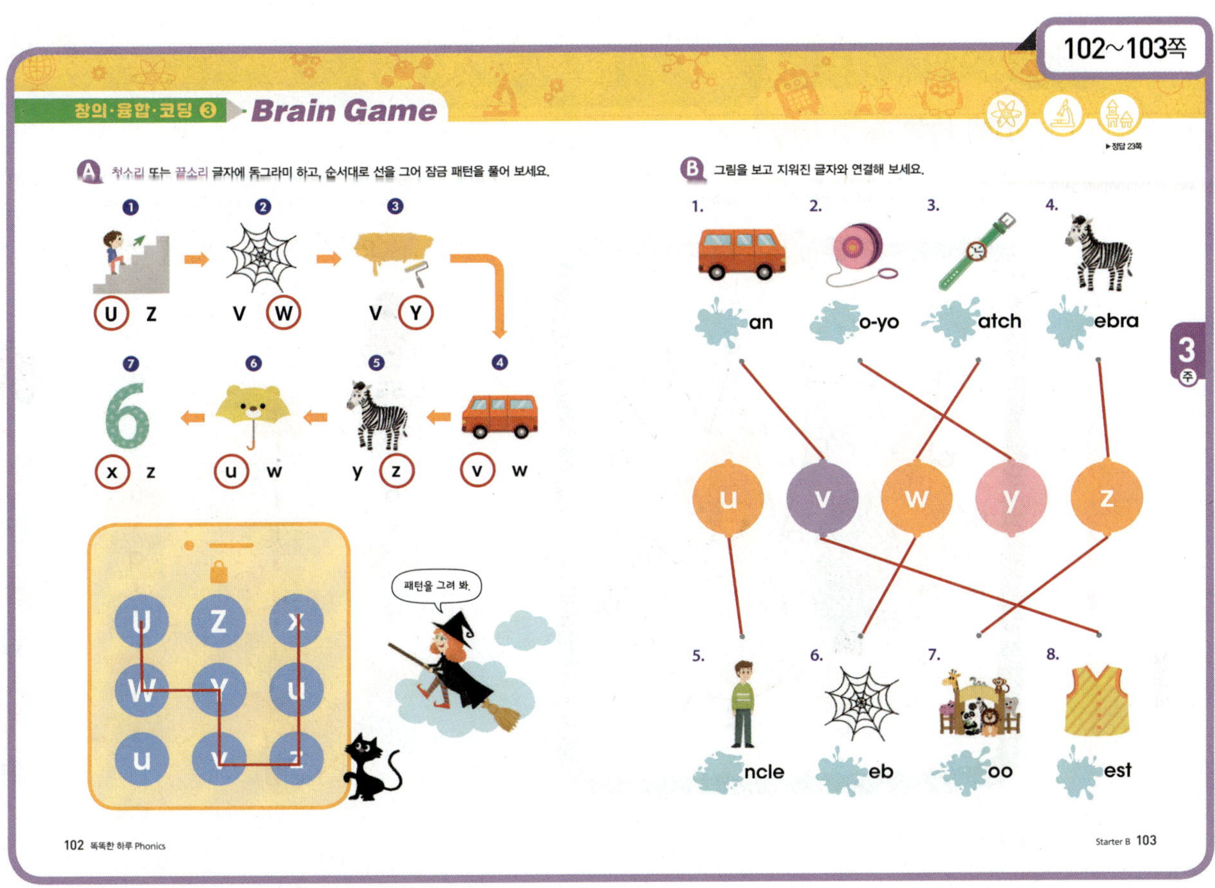

복습 · Starter B 복습 · 기초 탄탄 Review Aa~Zz

▶정답 23쪽

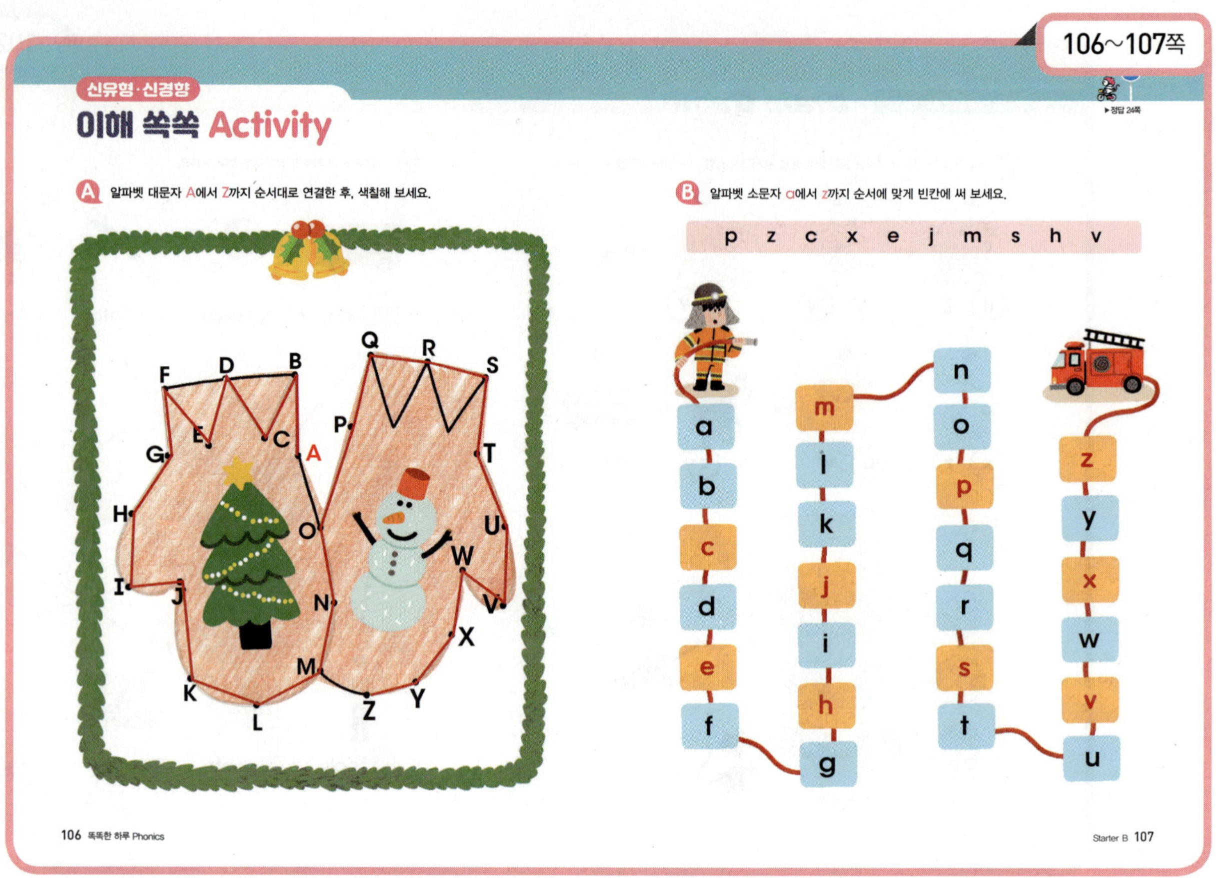

신유형·신경향
이해 쏙쏙 Activity
▶정답 24쪽
A 알파벳 대문자 A에서 Z까지 순서대로 연결한 후, 색칠해 보세요.
B 알파벳 소문자 a에서 z까지 순서에 맞게 빈칸에 써 보세요.
p z c x e j m s h v
106 똑똑한 하루 Phonics
Starter B 107

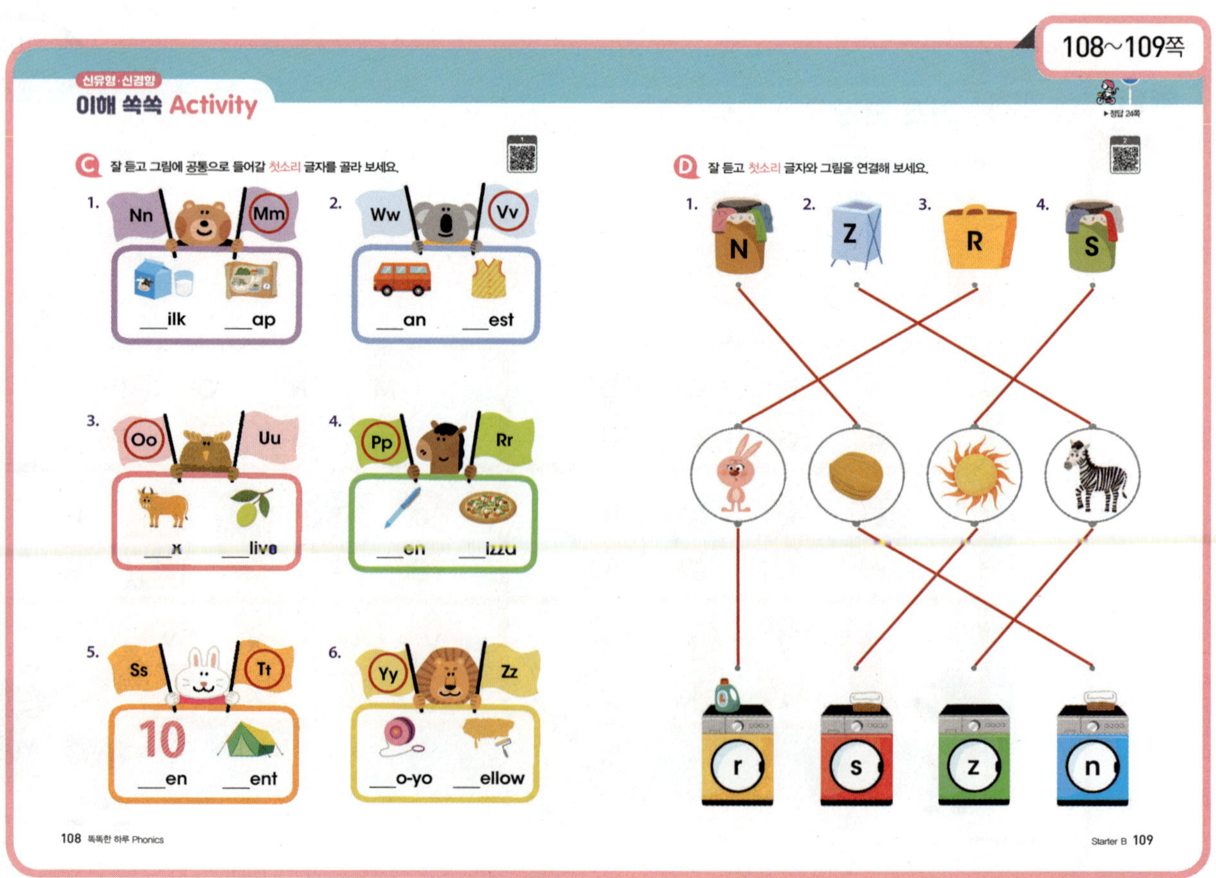

신유형·신경향
이해 쏙쏙 Activity
▶정답 24쪽
C 잘 듣고 그림에 공통으로 들어갈 첫소리 글자를 골라 보세요.
1. Nn Mm
___ilk ___ap
2. Ww Vv
___an ___est
3. Oo Uu
___x ___live
4. Pp Rr
___en ___izza
5. Ss Tt
10 ___en ___ent
6. Yy Zz
___o-yo ___ellow
D 잘 듣고 첫소리 글자와 그림을 연결해 보세요.
1. N 2. Z 3. R 4. S
r s z n
108 똑똑한 하루 Phonics
Starter B 109

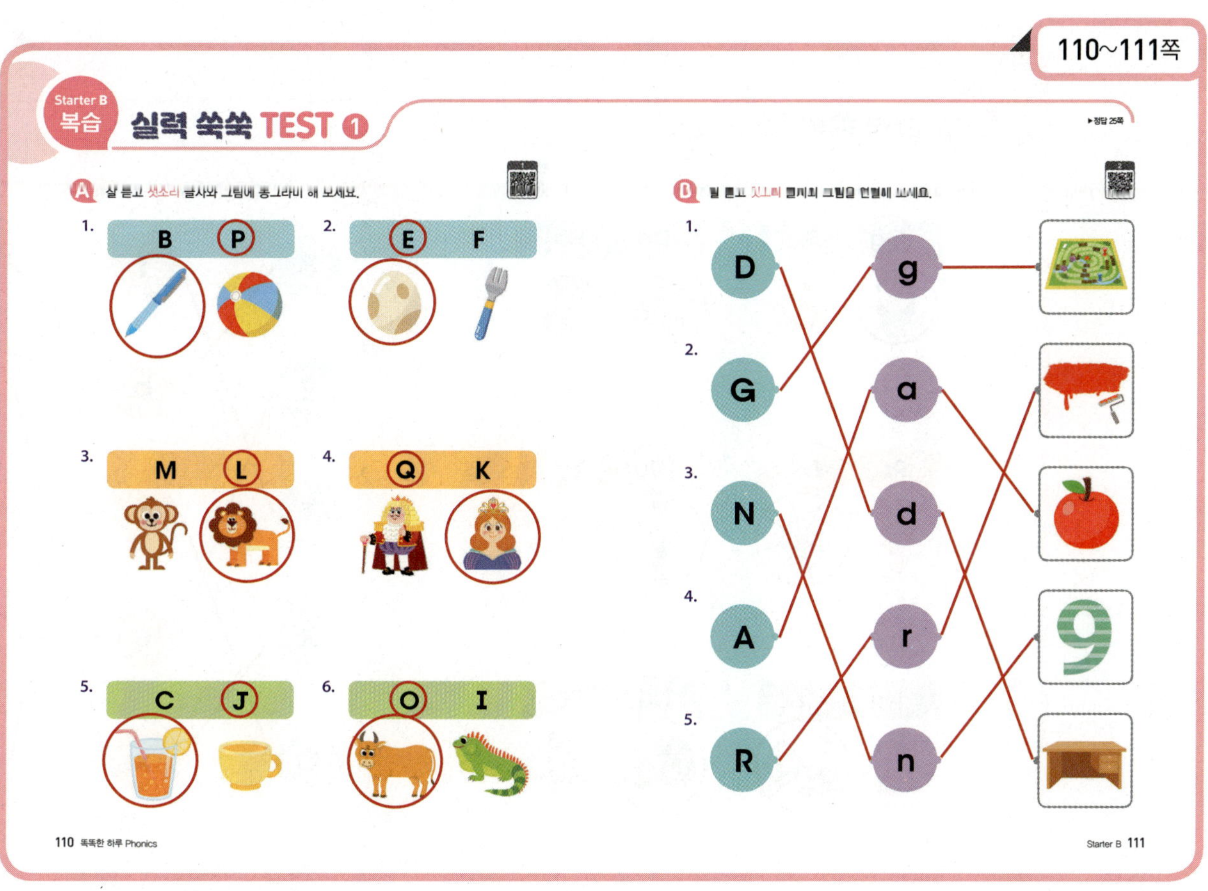

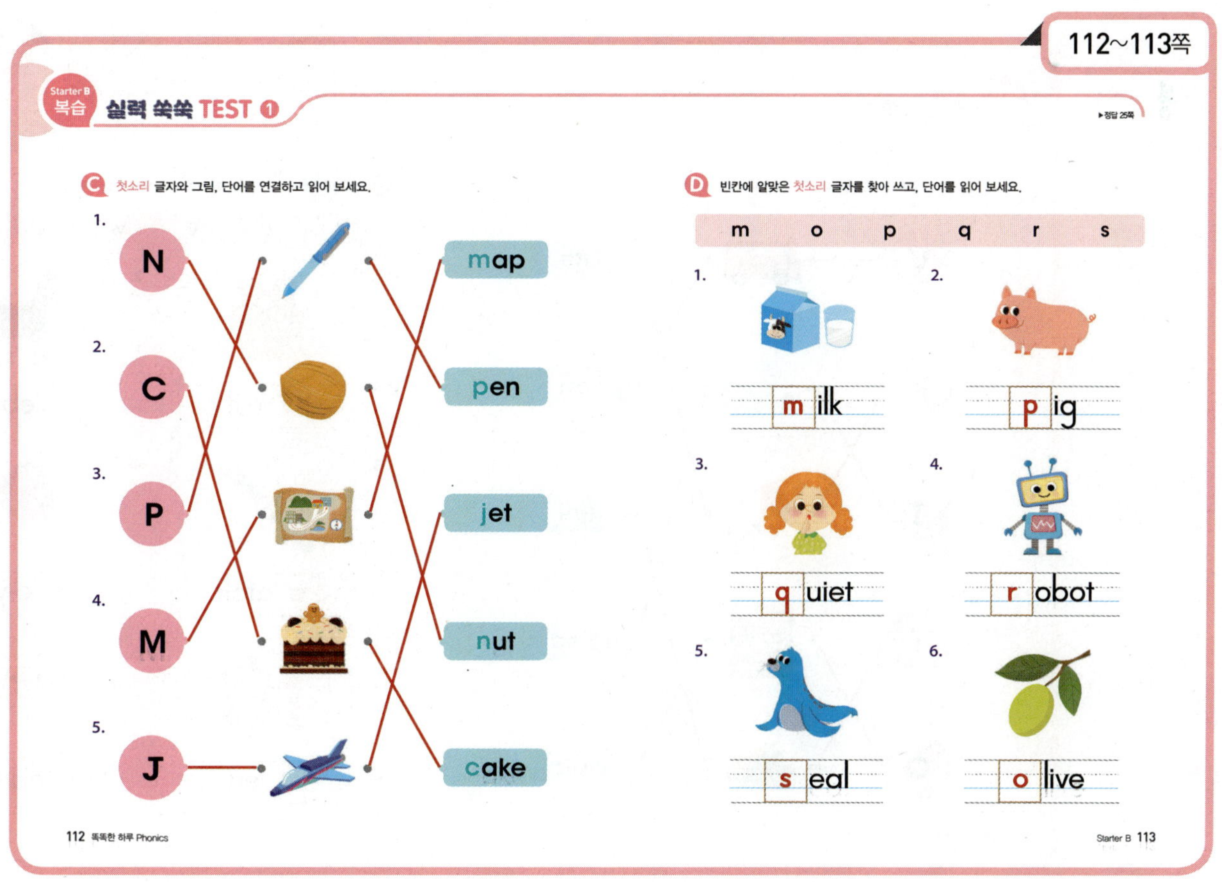

114~115쪽

Starter B 복습 **실력 쑥쑥 TEST ②**

▶정답 26쪽

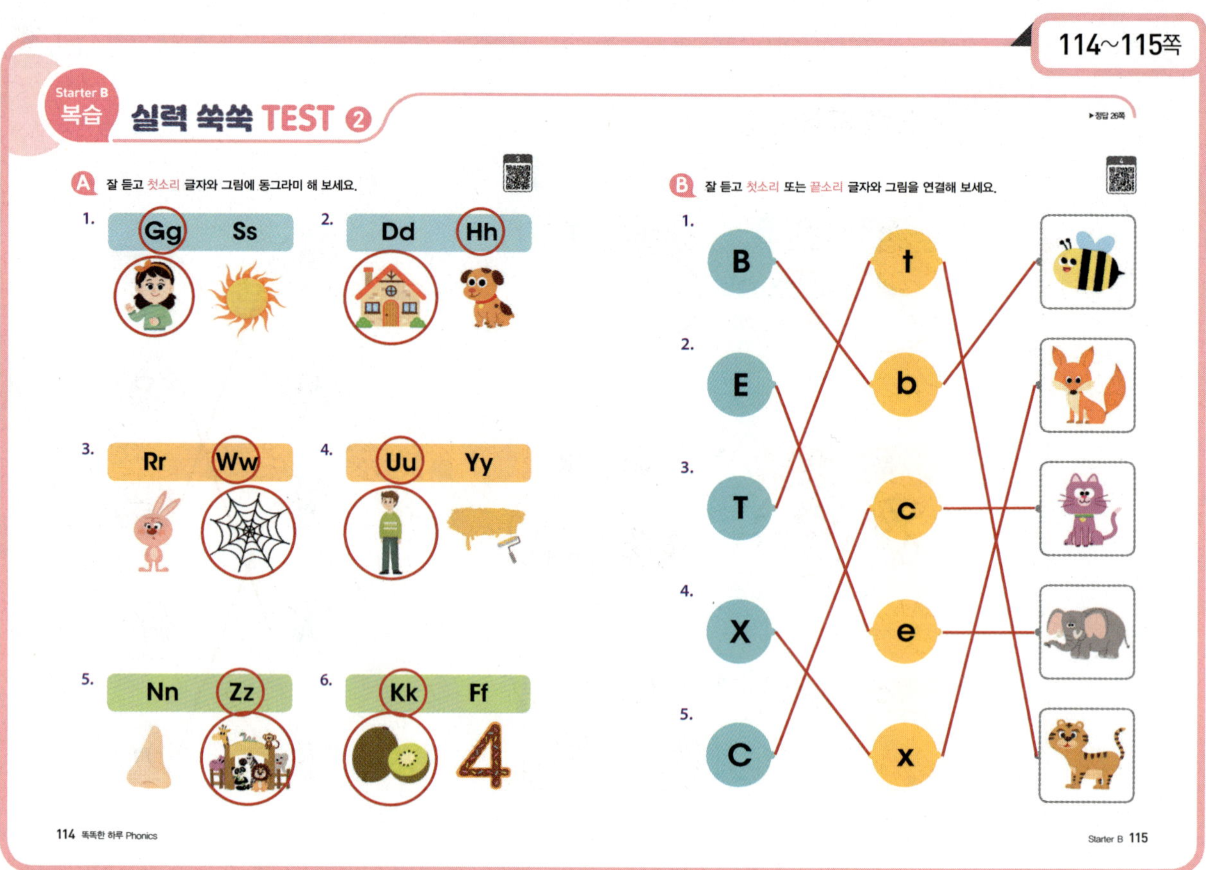

A 잘 듣고 첫소리 글자와 그림에 동그라미 해 보세요.

1. **Gg** Ss
2. Dd **Hh**
3. Rr **Ww**
4. **Uu** Yy
5. Nn **Zz**
6. **Kk** Ff

B 잘 듣고 첫소리 또는 끝소리 글자와 그림을 연결해 보세요.

1. B
2. E
3. T
4. X
5. C

t b c e x

116~117쪽

Starter B 복습 **실력 쑥쑥 TEST ②**

▶정답 26쪽

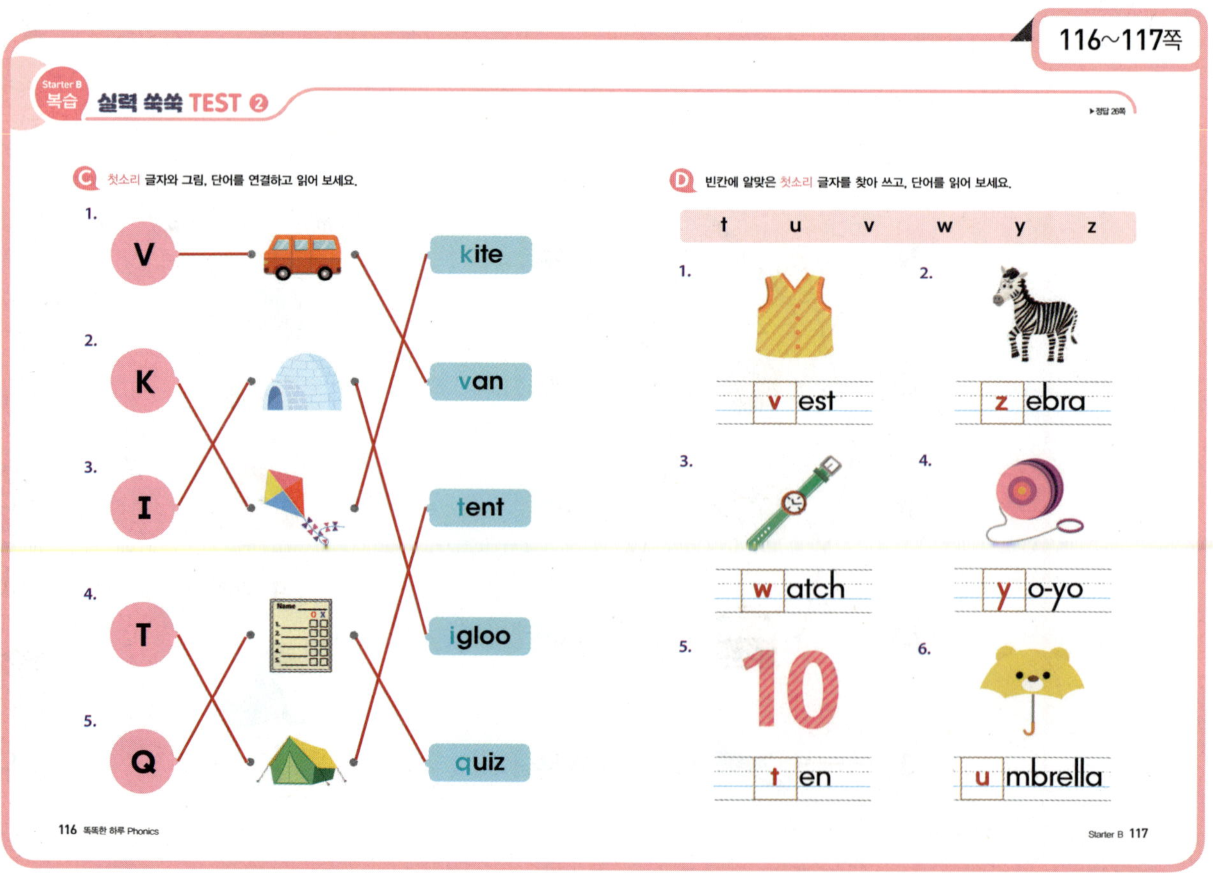

C 첫소리 글자와 그림, 단어를 연결하고 읽어 보세요.

1. V
2. K
3. I
4. T
5. Q

kite
van
tent
igloo
quiz

D 빈칸에 알맞은 첫소리 글자를 찾아 쓰고, 단어를 읽어 보세요.

t u v w y z

1. **v** est
2. **z** ebra
3. **w** atch
4. **y** o-yo
5. **t** en
6. **u** mbrella

Memo

Memo

초등 영어 자기주도학습 기초서

매일매일 쌓이는 영어 기초력

똑똑한 하루

VOCA/Reading/Grammar/Phonics

공부 습관 다지기

하루 6쪽, 주 5일, 4주 학습의
체계적인 구성으로 차곡차곡
실력이 쌓이는 영어 공부 습관!

전 영역 마스터

보카, 리딩, 그래머, 파닉스까지
초등 영어 전 영역을 커버하는
완벽한 구성으로 영어 걱정 끝!

재미있는 놀이 학습

그림, 만화, 창의 게임 활동 등의
놀이 학습과 발음 동영상으로
가장 쉽고 재미있게 기초력 UP!

'똑똑한 하루 영어 시리즈'와 함께 똑똑하게 영어 공부하자!

VOCA, Reading, Grammar 각 8권
초3~6 각 A·B (하루 6쪽)

Phonics 8권
Starter A·B, 1A·1B (하루 4쪽)
2A~3B (하루 6쪽)

정답은
이안에
있어!

수학 전문 교재

● 연산 학습
  빅터연산   예비초~6학년, 총 20권

● 개념 학습
  개념클릭 해법수학   1~6학년, 학기용

● 수준별 수학 전문서
  해결의법칙(개념/유형/응용)   1~6학년, 학기용

● 단원평가 대비
  수학 단원평가   1~6학년, 학기용

● 상위권 학습
  최고수준 S 수학   1~6학년, 학기용
  최고수준 수학   1~6학년, 학기용
  최강 TOT 수학   1~6학년, 학년용

● 경시대회 대비
  해법 수학경시대회 기출문제   1~6학년, 학기용

예비 중등 교재

● 해법 반편성 배치고사 예상문제   6학년
● 해법 신입생 시리즈(수학/영어)   6학년

맞춤형 학교 시험대비 교재

● 열공 전과목 단원평가   1~6학년, 학기용(1학기 2~6년)

한자 교재

● 한자능력검정시험 자격증 한번에 따기   8~3급, 총 9권
● 씸씸 한자 자격시험   8~5급, 총 4권
● 한자 전략   8~5급II, 총 12권

배움으로 행복한 내일을 꿈꾸는
천재교육 커뮤니티 안내 · · ·

 교재 안내부터 구매까지 한 번에!
천재교육 홈페이지

자사가 발행하는 참고서, 교과서에 대한 소개는 물론
도서 구매도 할 수 있습니다. 회원에게 지급되는 별을 모아
다양한 상품 응모에도 도전해 보세요!

 다양한 교육 꿀팁에 깜짝 이벤트는 덤!
천재교육 인스타그램

천재교육의 새롭고 중요한 소식을 가장 먼저 접하고 싶다면?
천재교육 인스타그램 팔로우가 필수!
깜짝 이벤트도 수시로 진행되니 놓치지 마세요!

 수업이 편리해지는
천재교육 ACA 사이트

오직 선생님만을 위한, 천재교육 모든 교재에 대한 정보가 담긴
아카 사이트에서는 다양한 수업자료 및 부가 자료는 물론
시험 출제에 필요한 문제도 다운로드하실 수 있습니다.

https://aca.chunjae.co.kr

 천재교육을 사랑하는 샘들의 모임
천사샘

학원 강사, 공부방 선생님이시라면 누구나 가입할 수 있는 천사샘!
교재 개발 및 평가를 통해 교재 검토진으로 참여할 수 있는 기회는 물론
다양한 교사용 교재 증정 이벤트가 선생님을 기다립니다.

 아이와 함께 성장하는 학부모들의 모임공간
튠맘 학습연구소

튠맘 학습연구소는 초·중등 학부모를 대상으로 다양한 이벤트와 함께
교재 리뷰 및 학습 정보를 제공하는 네이버 카페입니다.
초등학생, 중학생 자녀를 둔 학부모님이라면 튠맘 학습연구소로 오세요!